EL ASESINATO DE LA REPUTACIÓN

De Amadeo Barletta a Yoani Sánchez

JUAN ANTONIO BLANCO

eRIGINAL
Books

Publicado por Eriginal Books LLC
Miami, Florida
www.eriginalbooks.com
www.eriginalbooks.net

Primera Edición: Octubre 2013

ISBN-13: 978-1-61370-029-7

Índice

PRÓLOGO

Nadie será objeto de injerencias arbitrarias en su
vida privada, su familia, su domicilio o su
correspondencia, ni de ataques a
su honra o a su reputación.
Toda persona tiene derecho a la protección de la ley
contra tales injerencias o ataques.
Declaración Universal de Derechos Humanos
Artículo 12

El asesinato de reputación
como política de estado

Cuando usted comprueba que han intervenido la cuenta de correo electrónico o que han escrito a los amigos pidiéndoles dinero de parte suya, y luego verifica que le han saqueado la cuenta del banco, se enfrenta a una escalofriante realidad del siglo XXI: le han «robado» su identidad. ¿Se imagina lo que significaría si ciertas personas, actuando desde la más completa impunidad, «asesinaran» su reputación? ¿Cómo reaccionaría si fuerzas situadas más allá de la ley se apropiasen de su trayectoria de vida y la sustituyesen por otra apócrifa, en la que lo presentan como a un ser peligroso que debe ser aislado y reprimido para bien de la sociedad? ¿Cuál sería su reacción si alguien lanzara una campaña dirigida a asesinar su honra y usted no pudiera recurrir a ninguna institución, medio de prensa o sistema de justicia independiente para defenderse?

El asesinato de reputaciones (*character assassination*) al que nos referimos en este libro no se parece en nada al que pueda desarrollar un partido político de oposición contra el gobierno de un país democrático, o un grupo de consumidores insatisfechos contra un restaurante. No estamos hablando de difamaciones personales o de críticas institucionales exageradas.

El asesinato estatal de reputación (*state fostered character assassination*) es un proceso deliberado y constante, destinado a destruir la credibilidad y la reputación de una persona, institución, grupo social o nación mediante una combinación de métodos tanto abiertos como encubiertos. Entre éstos están las acusaciones falsas, el fomento de rumores, la manipulación de información y la fabricación de evidencias. Nos referimos a una forma organizada de terrorismo estatal que ocurre en sociedades autoritarias o totalitarias, en las cuales el gobierno controla los principales medios de comunicación y otras instituciones claves para la manipulación de las percepciones públicas.

Esta estrategia tiene la finalidad de anular la capacidad de influencia de la víctima, silenciar su voz y lograr que la sociedad la rechace. Al transformar a las víctimas en no-personas, las hacen vulnerables a abusos aun más graves como la agresión física, el encarcelamiento, la expropiación de bienes, el destierro y el asesinato, llegando incluso a masacres o al genocidio de todo el grupo social al que pertenecen.

La propaganda nazi antisemita y el Holocausto que siguió es el ejemplo extremo de los peligros asociados con las operaciones estatales de asesinato de la reputación. Cuando un gobierno se vale de ese recurso para justificar agresiones y abusos contra sus víctimas, puede considerarse a esas manipulaciones de la opinión pública como una forma de terrorismo estatal. Por regla general, una campaña de este estilo precede a los asesinatos políticos, las masacres, los crímenes de lesa humanidad y los genocidios.

Alguien podría alegar, acertadamente, que denigrar a un oponente político es una práctica común en las principales democracias del mundo. Pero no es igual el impacto de una campaña difamatoria impulsada desde el estado en una sociedad autoritaria o ya totalitaria, que la que pueda promover un individuo o un grupo particular en un contexto democrático.

La destrucción estatal de reputaciones —promovida por mecanismos institucionales de la cultura, la academia, los medios informativos y de propaganda política bajo el control hegemónico o monopólico de un estado— puede llegar a tener consecuencias graves. ¿Cómo comenzó la colaboración de las masas con los crímenes de lesa humanidad y el genocidio en sociedades tan diferentes como Alemania y Ruanda?

¿Cómo fueron posibles los desmanes de la Revolución Cultural china o el genocidio en Camboya?

Uno de los primeros indicadores de que una sociedad ha retirado los frenos a la perpetración impune de crímenes es cuando el Estado favorece, o incluso promueve de forma directa, una campaña dirigida a destruir la dignidad y reputación de sus disidentes y opositores, y la sociedad asume sus premisas sin cuestionarlas. Las campañas para destruir la reputación del adversario son a menudo el preludio de la violencia que llevará a su aniquilación. La deshumanización oficial suele preceder a la agresión física de las víctimas.

Cuando las personas comienzan a participar o a mostrar indiferencia hacia la ejecución de acciones que representan graves trasgresiones éticas se inicia una degradación generalizada. Desde el poder se difunde una moral oficial que niega valores éticos universales. Bajo el nuevo canon moral, propinar una paliza colectiva a un «enemigo» inerme se transforma de cobardía en virtud. El «hombre nuevo» se define ante todo por la aceptación del principio de obediencia incondicional al poder. Estar dispuesto a morir por la causa significa, en primer lugar, estar dispuesto a matar al prójimo si el líder así lo dispone.

Los enemigos del poder reciben diferentes denominaciones según el país: «cucarachas» (Sierra Leona), «ratas» (Libia) y «gusanos» (Alemania nazi, Cuba). Pese a estas diferencias nominales, el denominador común de estas sociedades es la presencia de líderes cuya sabiduría no puede ser cuestionada.

Ellos liberan a las masas de todo sentimiento de culpabilidad cuando les ordenan infligir abusos físicos o sicológicos, torturas o incluso la muerte a otro ser humano.

Por ello es necesario tomar nota de que, en el caso del gobierno cubano, la justificación de cada acto de crueldad ha venido sazonada con adjetivos peyorativos hacia las víctimas. El cubano Orlando Zapata Tamayo, muerto en prisión a consecuencias de una prolongada huelga de hambre —en protesta por el trato inhumano que le daban sus carceleros— no merecía piedad por ser supuestamente un «delincuente». El disidente Guillermo Fariñas, quien emplazó al gobierno a liberar a los presos políticos que tenían problemas graves de salud y que usó como método otra huelga de hambre, no merecía el Premio Sajarov otorgado por el Parlamento Europeo porque era también «delincuente». Las Damas de Blanco, que desfilan por las calles de Cuba portando gladiolos para pedir la libertad de sus familiares, son «mercenarias» por lo que nadie debe asombrarse si una turba las rodea e insulta durante horas, o agrede a alguna. Los exiliados políticos son «mafiosos» por lo que no deben gozar del derecho a volver a radicarse en su país o entrar a él libremente. Los que repudiaron el socialismo cubano y se marcharon en masa por el puerto de El Mariel eran «escorias». Los *bloggers* y periodistas independientes que escriben sobre la dura realidad de la sociedad cubana son «provocadores que facilitan una intervención militar extranjera».

Esa retórica política extrema es avalada mediante la fabricación de «medidas activas» contra los disidentes: diseminación de rumores, fabricación de fotos y documentos falsificados, invitaciones de agentes infiltrados entre los opositores a cometer alguna acción que facilite encausarlos o desprestigiarlos y otras trampas similares. Una medida activa no es más que la fabricación de evidencias que permitan destruir la credibilidad de un adversario, hacerlo vulnerable, aislarlo y así facilitar su destrucción política, moral o eliminación física.

De ese modo, los individuos o las instituciones que ni siquiera profesan simpatías por el régimen cubano llegan a aceptar inconscientemente sus premisas. Por ejemplo, entre los rumores que el gobierno soviético hizo rodar está el que se refiere a la supuesta amistad entre Pinochet y Sajarov.

En la desaparecida Unión Soviética, la KGB estaba encargada del diseño y ejecución de las campañas de descrédito contra aquellas personas clasificadas como «antisoviéticas». Entre los propósitos podía estar la destrucción de la credibilidad de un político extranjero, el cuestionamiento de las motivaciones e integridad personal de un disidente conocido o la forja de dudas sobre la sinceridad de algún desertor con información valiosa, a quien era necesario desacreditar para que aquella fuera desestimada.

La compilación de documentos tomados de los archivos de la KGB, publicada por Christopher Andrew y Vasili Mitrokhin[1], contiene una larga lista de orientaciones impartidas personalmente el 22 de noviembre de 1975 por Yuri Andrópov, entonces director de esa institución, para cuestionar el otorgamiento del Premio Nobel de la Paz a Andrei Sajarov. La KGB no se detuvo ante ningún escrúpulo: implementó desde la distribución de un supuesto telegrama de felicitación enviado al científico por el dictador chileno Augusto Pinochet, hasta la fabricación de historias sobre su esposa, presentándola como una oportunista que seducía a hombres influyentes de mayor edad para su propio beneficio.

Las numerosas instrucciones a centenares de oficiales de la KGB —que actuaban como diplomáticos o de modo encubierto— y a las redes de agentes que ellos dirigían, incluían buscar el modo de diseminar rumores en medios de prensa, programas de radio y TV, medios culturales, científicos, políticos y diplomáticos. Según afirman Andrew y Mitrokhin en su libro (p. 632), a fines de la década del ochenta disminuyó considerablemente la capacidad de acceso de la KGB a los principales medios de prensa occidentales.

El gobierno de Cuba aprendió las técnicas más refinadas del asesinato estatal de reputaciones de los «hermanos socialistas». Para aplicarlas se construyó un engranaje específicamente dedicado a concebir actividades de ese tipo en el Ministerio del Interior, y a coordinarlas con diversas dependencias civiles del Partido Comunista de Cuba y el gobierno. La

---

[1] *The Mitrokhin Archive*, 1999, pp. 421-422

Universidad de las Ciencias Informáticas, donde radica la Operación Verdad que ha denunciado el joven informático Eliécer Ávila, es una importante tuerca de esa maquinaria, pero sólo una de ellas.

En el siglo XXI, con el arribo de las Web2.0 y las redes sociales virtuales, la diseminación de falsedades se realiza de modo mucho más rápido y efectivo. Los prejuicios sembrados contra la víctima terminan por arraigarse gradualmente en la memoria social colectiva y la gente —en especial las nuevas generaciones— los acepta como la historia verdadera o la biografía real.

Con el advenimiento de la Web 2.0, el gobierno cubano descubrió el potencial de esa herramienta para las campañas de asesinato de reputaciones y la siembra de medidas activas. En la era de la comunicación global no resulta imprescindible cortejar a periodistas, editores o cineastas. Basta con organizar una red de agentes de influencia solidarios que construyan blogs, cuelguen comentarios en los artículos publicados en la Red por los principales medios de prensa de formato digital o suban documentales a YouTube. Los nuevos programas que procesan digitalmente textos e imágenes hacen innecesario tener un amplio cuerpo de especialistas para falsificar documentos y fotos. El asesinato de reputación emplea ahora las técnicas del marketing viral. Con un grupo de abnegados *ciberpolicías* que operan desde Cuba y sus respectivos colaboradores en el exterior, es posible multiplicar los enlaces hacia los mensajes negativos «sembrados» por la maquinaria de propaganda estatal en diversos puntos de la Red de Redes.

Por otra parte, los llamados «planes de influencia» tienen su contrapartida en las campañas de descrédito de aquellas voces que no son persuadidas por los cantos de sirena de los profetas del paraíso terrenal. Contra esas personas indeseables que alzan su protesta en cualquier parte —comenzando por la propia isla— para denunciar la verdadera realidad que vive el ciudadano de a pie se desarrollan los planes estatales dirigidos a asesinar su reputación.

En la entrevista que Yoani Sánchez le hiciera al joven informático Eliécer Ávila sobre las operaciones difamatorias que el Estado cubano desarrolla en Internet contra periodistas indepen-dientes, disidentes y opositores, éste comentó: «Ya una vez te confesé que tú eras, yo diría, si no el objetivo principal, uno de los principales que siempre debíamos estar al tanto de lo que pasaba, aunque con un detalle interesante, la cuestión no era leer, interpretar y analizar lo que tú escribías en este caso. La cuestión simplemente se centraba en tu persona». En otras palabras: la estrategia estatal no era, ni es, rebatir el mensaje, sino liquidar al mensajero.

Los anillos de la difamación

El diseño de estas campañas de descrédito toma a menudo la forma de anillos concéntricos de desinformación, que se construyen artificialmente para multiplicar un mensaje manufacturado por la maquinaria de propaganda y luego diseminarlo. Para ello se combina el empleo de diversos canales como los rumores «boca a oreja» (tanto en Cuba como en el exterior), así como los que se «siembran» en la prensa escrita, radial y televisiva, a la vez que se hacen circulan por medio de Internet.

El propósito es el mismo: que las mentiras crezcan y se diseminen como bolas de nieve virtuales.

La gráfica que aparece a continuación refleja el modo en que funcionan esos anillos estatales de guerra psicológica.

Primer anillo: Génesis

Esta fase de la operación de asesinato de reputación está dedicada a construir las falsas acusaciones contra la víctima y a fabricar las «evidencias» que supuestamente las respaldan. En algunos casos basta con escoger a un escritor o periodista nacional dispuesto a «cooperar» con estos menesteres y solicitarle que publique un libro o artículo para lanzar la difamación original.

En etapas más recientes han «profesionalizado» esta primera etapa de construcción de falsedades y «evidencias» con personal que se dedica a tiempo completo a esa tarea. Este grupo de «combatientes cibernéticos» hace también el papel de *troll* pues se dedica a escribir comentarios anónimos o usando pseudónimos como respuesta a artículos críticos del gobierno cubano. Se apoyan en el acceso sin restricciones a Internet que les facilita el estado y siguen las directivas específicas que les son impartidas para conseguir su propósito.

LOS ANILLOS DEL ASESINATO DE LA REPUTACIÓN

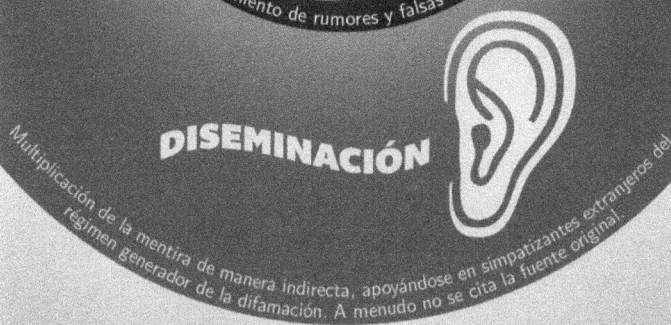

GÉNESIS

Construcción de la difamación y lanzamiento de rumores y falsas evidencias que le otorguen credibilidad.

DISEMINACIÓN

Multiplicación de la mentira de manera indirecta, apoyándose en simpatizantes extranjeros del régimen generador de la difamación. A menudo no se cita la fuente original.

LEGITIMACIÓN

Reproducción de la falsedad en medios académicos y periodísticos de prestigio. Estos actores independientes toman la mentira del segundo anillo y la dan por verdadera.

CULTURA POP

Creación de productos de cultura de masas que son distribuidos por casas editoriales, programas de TV, estudios de cine y música. Esta etapa facilita una retroalimentación permanente con el tercer anillo. Para entonces ya se desconoce la fuente original.

Segundo anillo: Diseminación

Un segundo anillo multiplica la mentira «sembrada». Para estos fines se recurre a un conjunto de personas que residan en el exterior del país y tengan capacidad de multiplicar el mensaje. Estos individuos pueden ser *fellow-travellers*, afines ideológicamente al gobierno de la isla, o bien son agentes de influencia encubiertos y dirigidos directamente por el servicio de inteligencia cubano. Otra manera más reciente es la distribución de difamaciones en Internet por medio de centenares de micro blogs bajo diferentes pseudónimos que usan servidores en diversos países, lo que genera un volumen crítico de supuestas «fuentes» independientes y hace innecesario tener que acudir siempre, como ocurría antes, a algún escritor conocido para que lance la calumnia o falsedad en cuestión.

Ocasionalmente los autores de aquellos textos en que se difama a un individuo o grupo se presentan, a su vez, como personas afectadas por algún hecho del que desean culpar a la víctima de la campaña, para así darle visos de mayor verosimilitud. En otros casos los servicios policiacos cubanos identifican a quienes pueden guardar algún viejo rencor o sentimiento de envidia hacia aquel a quien desean calumniar y los persuaden o presionan para que se presten a su sucio juego. Si se trata de un familiar o cónyuge —aun si estuviesen divorciados— muchísimo mejor.

Como es sabido que Cuba es una sociedad cerrada, cuyas instituciones están controladas por el estado, se hace imprescindible «exportar» las difamaciones y hacer que ciudadanos de otras nacionalidades las reproduzcan y avalen en el extranjero con sus propios escritos, redes sociales y medios de comunicación. La función de este segundo anillo para la multiplicación del mensaje, con el apoyo de personas «solidarias» que ostenten otra nacionalidad y estén radicadas fuera de Cuba, es otorgar credibilidad a la acusación original. Como ya se conoce que el acceso a Internet está controlado por el estado cubano, las aseveraciones que provienen de blogs escritos desde la isla carecen de suficiente credibilidad más allá del círculo limitado de sectores fundamentalistas de la izquierda dogmática. Para hacer creíbles las calumnias y falsedades fabricadas por La Habana es necesario que quienes las reproduzcan y circulen vivan fuera de Cuba, tengan otra nacionalidad y sean preferiblemente profesionales.

En esta segunda fase se intenta promover una cascada de desinformación —ahora mucho más fácil de generar con Internet— en el que cualquiera que esté buscando elementos para referirse a un tema determinado pueda encontrar en múltiples sitios, medios de diversos países y escritos por autores de distinta nacionalidad, la reproducción de las mismas falsedades.

Todo esto puede parecer novedoso, pero las técnicas empleadas tanto en el primer como segundo anillos no difieren mucho de los once principios empleados por Goebbels para la propaganda del Tercer Reich, aunque entre ellos se destacan los siguientes elementos en el asesinato de la reputación:

- Principio de la exageración y la desfiguración. Convertir cualquier anécdota, por pequeña que sea, en amenaza grave.

- Principio de la verosimilitud. Construir los argumentos a partir de fuentes diversas, a través de los llamados globos sondas o de informaciones fragmentarias.

- Principio de la transfusión. Por regla general, la propaganda opera a partir de un sustrato preexistente, ya sea una mitología nacional o un complejo de odios y prejuicios tradicionales. Se trata de difundir argumentos que puedan arraigar en actitudes primitivas.

- Principio de la unanimidad. Llegar a convencer a mucha gente de que piensa «como todo el mundo», creando una falsa impresión de unanimidad.[2]

Tercer anillo: Legitimación

El nivel de éxito obtenido con esas operaciones puede medirse cuando se constituye, de forma espontánea, un tercer anillo formado por personas o medios ajenos a cualquier simpatía por el gobierno cubano que recogen inadvertidamente la difamación o distorsión informativa, bajo el supuesto de que con tantas fuentes que la respaldan no es necesario comprobar a fondo su veracidad u origen.

---

[2] Ver más detalles en "Goebblels´ Principles of Propaganda". *The Public Opinion Quartely* Vol. 14 No. 3 (Autumn, 1950), 1950: 419-22.

Si por principio profesional un periodista necesita encontrar dos fuentes adicionales que respalden una información antes de publicarla, La Habana se encarga de proporcionarle muchas más para persuadirlo de su credibilidad. El agobio por la presión de trabajo y la comodidad de obtener la confirmación a estas «informaciones» con solo hacer un clic, facilita que periodistas profesionales de medios de comunicación importantes caigan en la trampa y se hagan eco de desinformaciones y campañas fabricadas por los aparatos de inteligencia, ideología y propaganda cubanos.

Cuarto anillo: Cultura Pop

El cuarto anillo ocurre cuando la difamación inicial llega a integrarse a la «cultura pop» con novelas televisivas, canciones o películas de estudios y directores reconocidos que usan inadvertidamente el mensaje fabricado por los servicios de inteligencia y propaganda cubanos en sus obras. Esto populariza, consolida y hace permanente el daño causado a las víctimas de la operación.

Mucho antes de inventarse Internet, el imaginario popular hizo suyos numerosos mitos que han quedado aceptados como verdades, aunque no resistirían una pesquisa rigurosa. Basta citar la manera en que, en películas y novelas, se glorifica la toma de La Bastilla como símbolo de la lucha por la Libertad, porque consecuencia de este asalto se salvaron cientos de prisioneros que sufrían inimaginables torturas. La verdad histórica es que en aquel momento solo había allí siete presidiarios, quienes además recibían un trato muy superior al de los reclusos de otras prisiones. Tampoco es cierto que los asaltantes, provenientes del suburbio parisino de Saint Antoine, fueran específicamente a rescatarlos, pues su principal objetivo era apoderarse del arsenal depositado allí. Fue la negativa del alcaide de la prisión a cederlo —pese a que antes intentó una negociación fallida— lo que hizo que se desatara la violencia.[3]

La verdad culturalmente percibida termina constituyéndose en verdad histórica aunque no lo sea en realidad.

Propaganda, cultura y academia

Un caso significativo —parecido a la leyenda sobre la Toma de la Bastilla— es el del asesinato de la reputación de los llamados «marielitos». Fidel Castro intentó desdibujar el fracaso que después de dos décadas de socialismo suponía el éxodo masivo de unos 125,000 cubanos por el puerto de El Mariel. El líder cubano mezcló a presos comunes e individuos con antecedentes penales con personas y familias decentes en los barcos que recogían a los migrantes potenciales, y acusó a todos de ser escorias y delincuentes. Pero el mito de que estas personas —que luego demostraron su honradez y laboriosidad— constituían una amenaza a la

---

[3] Schama, Simon, *Citizens: A Chronicle of the French Revolution* (Penguin Books, London, 2004)

seguridad pública de Estados Unidos sólo llegó a arraigarse cuando Hollywood produjo *Scarface* con un actor de primera línea como Al Pacino. Su violento personaje, Tony Montana, se convirtió en la imaginación del público en una representación simbólica de todo «marielito». Con *Scarface*, inadvertidamente, Hollywood coronó el trabajo que había iniciado el gobierno cubano contra los se marcharon por El Mariel.

Rafael Rojas, el historiador cubano más descollante de su generación, indica que: «La historia oficial procede, pues, por medio de una selección ideológica y moral de los actores del pasado, en la que son recordados los que integran la genealogía del poder y caen en el olvido los que no formaron parte de la misma. Dicho relato funciona, en buena medida, como un tribunal del juicio final, que decide la suerte de los sujetos históricos y los distribuye entre infierno y paraíso, memoria y olvido».

Particularmente interesantes son las revelaciones de Eliécer Ávila sobre el origen y la naturaleza de la una supuesta enciclopedia cubana llamada EcuRed. Lejos de tener su raíz en la motivación de los académicos cubanos de organizar la información y los conocimientos de manera similar a Wikipedia, se trata de un nuevo instrumento del ahora plan de influencia 2.0 y del asesinato de reputación digital, fabricado a la carrera por estudiantes de informática a los que se les mide la productividad por su rapidez al rellenar el sitio de contenidos. Los expertos de medidas activas del Ministerio del Interior y sus cercanos colaboradores se encargan de redactar las páginas dedicadas a cuestiones sensibles como el asesinato de la reputación de algún crítico del sistema cubano. Esa herramienta de «desinformación digital» es luego difundida por las instituciones educativas de Cuba. De ese modo indirecto, algún que otro simpatizante inadvertido se encargará de tomar de ella los elementos que necesita para impartir algunas clases en la universidad extranjera en que labora, escribir un artículo, o simplemente recomendará su lectura a amigos y alumnos. Así se fabrican las percepciones que otorgan legitimidad y capital simbólico a un régimen que no los merece.

EcuRed sirve también para crear una percepción negativa de quienes tienen opiniones incómodas o incluso para hacerlos «desaparecer» de la memoria histórica colectiva. Al suprimir la historia real de alguien, o sustituirla por una imagen inventada que otros temen o rechazan, el proceso equivale al asesinato literal de una vida humana. El daño infligido puede prolongarse y hasta eternizarse si las mentiras no son desmentidas eficazmente.

Lamentablemente existe todavía un sector de la izquierda académica cuya ingenuidad e intolerancia ideológica lo convierte en consumidor natural de esta producción apócrifa y en colaborador natural de los asesinos profesionales de reputaciones. Para ellos, quien se aparte de sus verdades oficiales merece la muerte. El asesinato extrajudicial en 1975 del poeta Roque Dalton, acusado arbitrariamente de agente de la CIA por otros revolucionarios salvadoreños a quienes estorbaban sus opiniones, es un ejemplo de a donde se llega por esos caminos. La historia cubana de 1959 a mediados de los años sesenta recoge un rosario de nombres de aquellos que combatieron la dictadura de Batista para restaurar la democracia constitucional y que luego fueron enviados al paredón de fusilamiento cuando su resistencia a la implantación de una sociedad totalitaria los transformó en «problemáticos». Sus biografías, o bien han sido borradas, o aparecen reducidas a una pirueta ideológica para presentarlos como traidores en los libros oficiales de historia.

Con el paso del tiempo, las percepciones falsas que fueron deliberadamente fabricadas y difundidas por diversos medios de comunicación pueden ser incluso incorporadas a los sistemas de educación en que se forman las nuevas generaciones. En este caso, la difamación se convierte en parte de la historia oficial que se acepta socialmente, y resulta entonces difícil de revertir.

De modo deliberado y por más de medio siglo, el estado cubano ha construido un andamiaje que, en nombre de la justicia social y el nacionalismo, le ha facilitado a una élite el ejercicio absoluto del poder. Cinco décadas en que ha funcionado una maquinaria que integra sistemas de propaganda, cultura y educación y está dedicada al fomento de prejuicios sociales contra todos aquellos que desde la derecha o la izquierda no sean afines a los intereses y propósitos de esa élite. Tomará tiempo para que estas «verdades» construidas durante más de medio siglo por el aparato de propaganda castrista sean revisadas y «desestructuradas» por la investigación académica libre en una futura sociedad democrática.

En Cuba, cada cierto tiempo, se acusa a académicos y escritores marxistas de ser agentes conscientes o inconscientes de la CIA, y a liberales y conservadores de pertenecer a esa organización. Lo cierto es que el gobierno cubano nunca se ha preocupado demasiado por probar una cosa o la otra, pero eso poco le importa. En los países totalitarios, no es la fiscalía la que ha de probar la culpabilidad del acusado, sino éste el que tendrá —por lo general, inútilmente— que intentar demostrar su inocencia. En cualquier caso, tras medio siglo de lanzar dicha acusación contra numerosas figuras de renombre —como hicieron desde la década de los sesenta contra figuras de renombre como K.S. Karol y Oscar Lewis— el argumento ha perdido eficacia persuasiva.

El problema es que, después de medio siglo, los dirigentes cubanos insisten en el asesinato del honor de quienes disienten de su régimen. No hay que tomar a la ligera esas alucinantes acusaciones. Hoy los medios oficiales de la isla –y el sector de izquierda incondicional de cuanto régimen se vista de «socialista»– acusan a los blogueros y a los periodistas independientes cubanos de mercenarios. Sin sonrojarse siquiera, aseguran que pretenden provocar una intervención militar imperialista con sus escritos. Eso no es una nimiedad en un país donde existe la pena de muerte para delitos de esa naturaleza y brillan por su ausencia las normas del debido proceso legal.

Cuando esa izquierda de buen vino –que reside lejos de sus imaginados paraísos– se presta a difundir calumnias de este corte contra la célebre bloguera cubana Yoani Sánchez y sus colegas, se hace cómplice –y responsable– de lo que pueda acontecerles. El régimen cubano ha exportado a Venezuela y otros países «amigos» no solo médicos, sino también expertos en medidas activas para asesinar el honor de los disidentes políticos en el país suramericano. El desafío ya no es solo para los cubanos.

Un caso paradigmático:
la difamación de Amadeo Barletta

Hay un largo hilo umbilical que vincula la historia del empresario Amadeo Barletta con la de Yoani Sánchez y los actuales periodistas independientes cubanos: la política totalitaria dirigida a cerrar todo espacio a la autonomía personal y la libertad de prensa. Es por eso que esta historia tiene vigencia, en el sentido que Ortega y Gasset otorgaba a ese concepto. Revelar los métodos empleados por el gobierno cubano para asesinar la reputación de Barletta es una contribución para la necesaria toma de conciencia regional sobre las técnicas que ahora exporta a los gobiernos que le son afines.

El estudio que hice en el año 2010 sobre el empresario Amadeo Barletta es un ejemplo emblemático del modo en que el gobierno cubano se valió del esquema antes descrito para el asesinato de su reputación. Ello era imprescindible para justificar la confiscación de sus bienes, cosa que todavía en 1960 podía legalmente hacerse contra quienes se hubiesen enriquecido con el *batistato,* lo que ni lejanamente era el caso de este empresario. Más de una década después de su fallecimiento, retomaron el uso difamatorio de su nombre para una trama novelesca cuyo objetivo no era otro que el de contrarrestar el escándalo causado en 1989 por las operaciones de narcotráfico en que se vieron envueltas las estructuras militares cubanas.

El asesinato de la reputación de Barletta fue el medio del que se valieron para ir al asalto estratégico de su imperio mediático de TV, radio y quizás el periódico cubano más influyente de la época (*El Mundo*). En 1960, ya los hermanos Castro y su entorno conspirativo avanzaban hacia la implantación de un régimen totalitario en alianza con la URSS, lo que hacía imprescindible la liquidación de aquellas figuras prestigiosas que ocupaban cargos de responsabilidad dentro del Ejercito Rebelde y el Gobierno Provisional Revolucionario. Pero como hoy sucede de nuevo en Venezuela, el tránsito hacia el totalitarismo no era posible sin controlar antes la prensa. El imperio mediático de Barletta —cuya estación de TV alcanzaba a toda Cuba— no podía permanecer en sus manos cuando a inicios de los años sesenta ya se profundizaba una guerra civil que movilizó a decenas de miles de cubanos en ambos bandos, en un país de sólo seis millones de habitantes.

El escrutinio riguroso de numerosas fuentes documentales originales demuestra la falsedad de los argumentos empleados por las campañas contra este exitoso inmigrante italiano, cuya visión y laboriosidad le permitieron reconstruir sus negocios después de haberlos visto gravemente afectados en cinco ocasiones: por un desastre natural, tres dictadores y una guerra civil. Contra él se emplearon, en diferentes momentos, todas las herramientas del asesinato de reputaciones, incluyendo —bastante después de su fallecimiento— el uso de Internet.

Fue precisamente una página que vi en Internet lo que me alertó de que algo raro sucedía con Barletta y me convenció de que bien valía la pena profundizar en su historia. Aunque había fallecido en 1975, existía una cuenta de Facebook a su nombre, cuyos «amigos» y «seguidores» eran conocidos personajes de repudiable trayectoria. ¿Quiénes habían construido esa cuenta apócrifa de Facebook? ¿Cuáles eran sus objetivos al hacerlo? Pero esto no era todo. Mis primeras pesquisas descubrieron cómo, valiéndose de un escritor oficialista cubano, se habían publicado y promovido desde Cuba libros y artículos que atacaban el honor de Amadeo Barletta. Éstos eran luego citados por otros blogs también oficialistas hasta lograr que algún escritor extranjero repitiera las mentiras iniciales.

Al investigar la campaña de descrédito contra Amadeo Barletta, me percaté de que había sido impulsada en tres ocasiones distintas y en busca de objetivos diversos, más allá de la destrucción de su reputación.

Hace algunos meses una colega, profesora de una prestigiosa universidad estadounidense, me comentó que estaba recomendando el libro *Havana Nocturne*, del *freelance* T. J. English, a sus estudiantes de historia. El libro estaba en las listas bibliográficas para el estudio de Cuba. Tuve que explicarle cómo las difamaciones —con perfectas consecuencias legales en Estados Unidos— que hacía sobre Barletta el señor English se apoyaban, supuestamente, en un documento cuya copia yo había logrado obtener (pese a las dificultades extremas que confronté para acceder a ese texto) y que en realidad no mencionaba a Barletta en ninguna parte. Le expliqué que, cuando confronté en un email al señor English con ese hecho y le pedí explicaciones, me respondió que buscaría sus notas y me las daría, pero dos años más tarde no había recibido ninguna. Para colmo, permitió la publicación de nuevas ediciones —incluso en castellano— de su libro sin hacer la más mínima corrección al texto aun después de haberle advertido del problema. Pero mis quejas por reproducir difamaciones no son el peor reto para English, quien está acusado de plagio por el novelista cubano Enrique Cirules.

En honor a la verdad, fue ese novelista y no English el primer gestor de falsedades contra Barletta en sus artículos y libros sobre la actividad de la mafia en Cuba. Al parecer Cirules estaba molesto porque creía que Hollywood iba a producir una película basada en el libro de English quien, a todas luces, lo dejaría fuera de los derechos de autor. No deja de ser justicia poética que un autor que miente pretenda denunciar a otro por plagiar sus mentiras sin darle el debido crédito por ellas.

Pero T. J. English —quien no es historiador pero pretende hacer pasar su novelesco libro sobre la presencia de la mafia en Cuba por investigación histórica— no sólo difama a Amadeo Barletta al plagiar la versión oficial. También difama al país. Su libro puede leerse como una novela de Mickey Spillane, aunque peor escrita, pero no como una incursión académica en la historia de Cuba.

Sin ánimo de repetir en este prólogo lo que luego explico y documento en mi ensayo sobre las campañas contra los empresarios cubanos, debo puntualizar que *Havana Nocturne* es un libro fantasioso lleno de mitos, verdades a medias y distorsiones históricas de lo peor que se haya escrito sobre el pasado cubano. Si bien es posible hacer la historia de la presencia de la Mafia en Cuba, no es posible reducir la historia de Cuba —de su desarrollo económico, social y político— a ella. Decir, como Cirules o English, que la economía cubana de las décadas de los cincuenta dependía de los casinos de la Mafia es un disparate.

Más allá de los mitos culturales de la prensa amarilla y Hollywood —y de autores poco juiciosos de cualquier procedencia— lo cierto es que las mafias europeas eran las que principalmente traficaban con drogas (cuyo consumo nacional era reducido y su contrabando tampoco resultaba muy significativo). Los mafiosos estadunidenses se dedicaban al lucrativo negocio del juego, que era legal en Cuba, y operaban hoteles turísticos vinculados a los casinos.

Esto ha sido extensamente documentado por el historiador colombiano Eduardo Sáenz Rovner en su clásico libro sobre el tema *The Cuban Connection* (Chapel Hill, The University of North Carolina Press, 2008) Los mafiosos evitaban involucrarse en otras actividades que entonces eran ilegales y podían poner en peligro la verdadera gallina de los huevos de oro. Tampoco fueron traídos a Cuba por Batista para que se organizaran en «familias» que se dedicaran a la extorsión y a ejercer la violencia. Por el contrario, Lansky fue invitado a Cuba precisamente para garantizar que el juego se desarrollara de forma creíble, sin violencia, y que pagase su cuota a través de los testaferros de la oficina del Presidente. Tradicionalmente el verdadero gansterismo y la violencia asociada a él provenían del estado o de grupos políticos, a uno de los cuales estaba afiliado Fidel Castro. Fue contra ellos que, bajo el gobierno del Presidente Carlos Prío Socarras, se promulgó una ley nacional contra el gansterismo.

El control de la percepción sobre la realidad

El régimen cubano ha sido muy eficaz durante cinco décadas para generar capital simbólico, invertido en beneficio de la legitimación del poder de una élite. No empleo el concepto de capital simbólico en el sentido literal que le otorgaba Pierre Bourdieu, sino para referirme al ejercicio de construcción de percepciones sociales que permite a quien las genera y controla transformarlas en beneficios económicos y / o políticos.

En este caso, la esencia de ese capital simbólico se resume en el relato de una revolución popular, ocurrida en esa pequeña isla y dirigida por líderes sacrificados y humanistas, que ha sido asediada sin piedad ni tregua por el poder egoísta y perverso de una superpotencia.

David *versus* Goliat. Esa es la narrativa oficial que se ha proyectado dentro y fuera de Cuba.

Pero mantener este relato supone un eficaz control de las percepciones y de aquellas informaciones que pueden reforzarlo o, al contrario, ponerlo en crisis. De forma paralela a su maquinaria represiva militar, el régimen totalitario cubano se apoya en la manipulación de las percepciones internas y externas sobre la Isla.

Para ello se ha venido sirviendo de lo que, hasta la aparición de las tecnologías digitales, era un monopolio blindado sobre los medios de información, la producción de conocimientos sobre la realidad nacional (encuestas, estadísticas, estudios académicos) así como sobre las instituciones educacionales y culturales.

Tener al ciudadano cubano enjaulado desde su infancia en una percepción unidimensional de la realidad facilita el control sobre sus percepciones, actitudes y comportamientos sin tener que recurrir a la violencia como primera opción. Todo depende de la capacidad y la eficiencia que sea capaz de desplegar el estado para hacerle vivir en una burbuja informativa en la que no penetre ningún dato que le pueda generar una disonancia cognitiva o conflicto con respecto a aquello que ha asumido desde niño como «realidad» local y mundial. Por otra parte, al exportar la propaganda oficial, el objetivo es precisamente lo inverso: generar dudas sobre lo que la prensa mundial reporta sobre la Isla.

Pero como todo proyecto totalitario desgastado, la realidad cubana desborda la propaganda y pone en duda su fiabilidad. Cuando el angustiado consumidor cubano no encuentra los alimentos que el noticiero de TV asegura que han sido producidos en grandes cantidades, se genera un deterioro de la credibilidad de un pilar esencial del régimen totalitario. La educación que se imparte en las escuelas sobre las bondades del socialismo tampoco encuentra asidero en la dura realidad de la calle.

La discrepancia entre lo que se «aprende» y lo que se «experimenta» (disonancia cognitiva) se acrecienta y genera conductas disfuncionales con respecto al control estatal. El deterioro del capital simbólico también viene ocurriendo en el exterior. Las imágenes de los «actos de repudio» paramilitares contra las pacíficas Damas de Blanco hoy recorren el mundo sin necesidad de apoyarse en medios privados de la prensa extranjera que estén dispuestos a difundirlos.

En la ya citada entrevista de Yoani Sánchez, Ávila resume muy bien la misión de la llamada Operación Verdad, definida de ese modo por el *double-speak* orwelliano del gobierno. La genuina especialidad de esos «centros especializados» en el control y uso de Internet es otra, dice Ávila. Parafraseando la exhortación de Juan Pablo II al concluir su visita a la Isla, Ávila afirma que el objetivo de Operación Verdad es «filtrar a Cuba para que salga ya depurada a la otra parte y filtrar al mundo para que entre depurado a Cuba». En otras palabras, la llamada Operación Verdad es un telón digital que aísla al cubano de a pie de lo que realmente acontece en el resto del mundo e impide al resto del mundo saber lo que piensan y dicen los ciudadanos en la isla sobre su cotidianidad.

¿Cuál es el alcance de ese proyecto secreto de influencia política que ahora se comienza a revelar? Ávila habla de unos 300 alumnos que han sido reclutados en la Universidad de las Ciencias Informáticas (UCI) de Cuba para estas faenas encubiertas. Los apoya un selecto grupo de profesores y los asesoran especialistas de otras agencias partidistas y gubernamentales. Describe una estructura compuesta por nueve secciones, con funciones diferentes pero complementarias, entre las que existe una rigurosa compartimentación sobre su quehacer.

Un grupo se dedica a monitorear todo lo que se publica en Internet sobre Cuba —incluso lo divulgado por la prensa oficial cubana— mientras otros analizan el contenido. Otra sección prepara respuestas y comentarios, que a veces aparecen como originados en otros países y escritos por extranjeros.

Otro equipo crea y alimenta de contenido a blogs y sitios de apariencia independiente, encargados de defender sutilmente las líneas oficiales y de cuestionar a sus críticos. Por último, otros especialistas se encargan de colocarlos en los primeros lugares con técnicas de optimización para los buscadores de Internet, e incluso un grupo de *hackers* se especializa en crear y sembrar virus en servidores de medios y redes sociales que desean «dejar fuera de combate». Incluso cita como ejemplo de una de esos ataques virales exitosos de alcance internacional el que en su momento realizaron contra Noticias 24 en Venezuela. Ávila narra cómo inventaban la existencia de empresas encuestadoras cuyo supuesto trabajo arrojaba cifras favorables al

Presidente Hugo Chávez y esparcían esas falsedades por medio de Internet en la confianza de que nadie se tomaría el trabajo de verificarlas.

Todos estos detalles constituyen una revelación trascendente, pero el joven Eliécer Ávila todavía no sabe que sólo ha visto la punta del iceberg y que desconoce la historia que precedió al nacimiento de esa hidra de múltiples cabezas.

En 1977, con la apertura de la Sección de Intereses de Cuba en Washington, la Dirección General de Inteligencia encargó a su sección de medidas activas que elaborase un Plan de Influencia Política (PIP) que se implementaría desde esa misión diplomática. (Hay que tener en cuenta que el primer jefe de esa Sección fue un alto oficial de la inteligencia cubana.) La idea consistía en aproximarse a los sectores reproductores de opinión cultural e informativa, así como a los núcleos importantes con posibilidades de tomar decisiones políticas y financieras. El propósito era llevarles mensajes confeccionados de modo tal que resultasen de fácil aceptación para el grupo al que iban dirigidos, considerando sus propias percepciones, prejuicios e intereses.

Esos planes siguen ejecutándose hasta el día de hoy —y dado su éxito han sido extendidos a otros países— con una mezcla de acciones abiertas y encubiertas dirigidas desde Cuba por la Dirección de Inteligencia del Ministerio del Interior, que en parte lo coordina con el Departamento Ideológico del Comité Central del PCC. Este último es quien da la cara a las instituciones civiles, culturales y académicas cuando se precisa de su participación en estas lides.

Mientras que el gobierno cubano acusa de subversivo todo contacto de funcionarios diplomáticos estadounidenses y europeos con intelectuales, escritores, artistas y científicos de la isla —en particular si son reconocidos por sus actitudes disidentes o contestatarias— las embajadas, instituciones y funcionarios cubanos hace décadas que mantienen una ofensiva, abierta y encubierta, sobre aquellas personas, partidos, organizaciones y grupos que ocupen alguna posición importante o que ellos crean que tenga potencial para alcanzarla. El famoso caso de Ana Belén Montes, su espía infiltrada en el Pentágono, es muestra de que el trabajo de influencia es asumido como una tarea a largo plazo.[4]

Lo que pudiera ser tomado por un incauto como algo no muy diferente a la denominada «diplomacia pública» que desarrolla el Departamento de Estado de Estados Unidos adquiere, en el contexto totalitario cubano, una naturaleza diferente.

Los artistas, académicos, intelectuales y científicos cubanos que resultan lo bastante confiables como para permitírseles viajar a Estados Unidos son abordados de forma privada o colectiva antes de su partida para indicarles las «líneas informativas» que deben desarrollar en presentaciones y conversaciones

---

[4] Para más información ver el libro *True Believer: Inside the Investigation and Capture of Ana Montes, Cuba's Master Spy* de Scott W. Carmichael.

privadas con sus contrapartes en el exilio. Esos «lineamientos» contienen las opiniones que el gobierno cubano desea y espera que sean reiteradas sobre ciertos temas, de una u otra manera, por todos los participantes en esas «delegaciones culturales». Por su parte, las redes de agentes extranjeros reclutados por La Habana monitorean las presentaciones de los académicos cubanos en el exterior, ya sea en conferencias o en reuniones sociales privadas, para reportarlos a las autoridades correspondientes en Cuba si se atreven a abandonar el guión prefijado.

Bajo esa coerción invisible, los cubanos que asisten a eventos profesionales en otros países constituyen de hecho, no un conjunto de individualidades libérrimas, sino una «delegación» que por lo general incluye «informantes» entre sus miembros a los que se les ha solicitado que vigilen el comportamiento de sus colegas. Cuando se trata de asistir a un congreso de cierta importancia —como los de la Latin American Studies Association (LASA)— los candidatos a formar parte de «la delegación cubana» tienen que asistir a reuniones previas dirigidas por funcionarios del Departamento Ideológico del Comité Central del PCC y otras agencias de gobierno, en la que se discuten y hasta «ensayan» las posibles respuestas a preguntas difíciles con las que pudieran verse confrontados.

De tal suerte, quien espere intercambiar libremente criterios plurales con sus colegas cubanos en un congreso internacional tendrá que vérselas con una suerte de «equipo Cuba» bien aleccionado y coordinado para proyectar un consenso sólido sobre temas claves.

Un coro que puede cantar en distintos tonos de voz, pero sin apartarse del verso cuando de algo importante se trata. Entre esos temas están la superioridad del socialismo, la irreprochable ética de los principales líderes históricos cubanos, la inalterable perversidad de los Estados Unidos y la imposibilidad de impulsar la prosperidad o la democracia en Cuba mientras no sea levantado el embargo de Washington. A ello puede agregarse alguna cuestión coyuntural como es la aseveración de que Raúl Castro impulsa un programa de reformas que muestra frutos, avanza y merece el apoyo internacional.

En resumen, el objetivo de ganar amigos e influir en los demás por medios abiertos y encubiertos ha sido una constante del gobierno cubano. En los turbulentos años sesenta la prioridad estuvo centrada principalmente en los grupos *anti establishment* de Estados Unidos (aunque otros países europeos y latinoamericanos fueron también escenario de esas operaciones). A fines de los setenta el objetivo principal era ya el propio *establishment*.

La búsqueda de la verdad como proceso liberador

Pero existe una luz al final del túnel: el tiempo de las historias oficiales y los asesinatos de reputaciones viene llegando a su fin a pesar de los múltiples prejuicios sembrados en la sociedad cubana. Lo realmente nuevo y esperanzador en Cuba no es el gobierno y sus ocasionales giros políticos, sino el cambio que se viene operando en las actitudes de los que viven en la isla. Los jóvenes ya no aceptan a pie juntillas las versiones de la historiografía oficial sobre personas y hechos. Quieren indagar la verdad sobre lo ocurrido en todas estas décadas. La gente —incluidos militantes y funcionarios— va perdiendo el miedo a hablar.

Y habrá mucho de qué hablar y comprender.

Se hace necesario saber exactamente lo que ocurrió y por qué ocurrió. Es imprescindible la contextualización de los hechos para poder alcanzar una mejor comprensión de por qué cada cual se alineó del modo en que lo hizo durante este prolongado conflicto. El camino hacia la reconciliación nacional será mucho más difícil y empinado si no se cuestionan los mitos de la propaganda de odio y si no se desenmascaran los asesinatos estatales de reputación.

Los que, pensando que construíamos una sociedad mejor, contribuimos a levantar un régimen sin libertades básicas que terminó destruyendo las fuentes de la riqueza nacional y repartiendo la pobreza, debemos explicar la razón de nuestra actitud. Y aquellos que cuando se opusieron a la represión del gobierno cubano incurrieron en violaciones de los derechos humanos de quienes simpatizaban con la revolución, o de otras personas a las que perjudicaron aunque no hubieran tomado parte en este conflicto, también deben explicaciones.

La futura reconciliación entre los cubanos reclama un entendimiento contextualizado de las percepciones y las actuaciones pasadas. Es necesario aprender de nuestra historia republicana y posrepublicana para identificar los «nunca más» en que no ha de incurrirse en el futuro. Ni la voladura de un avión civil de pasajeros ni el hundimiento de una embarcación repleta con familias de migrantes son acciones justificables.

Los economistas cubanos discuten hoy las mejores opciones para reparar la viabilidad material del país. Los historiadores tendrán que reconstruir los hechos tal cual sucedieron, aunque luego se dividan acerca de cómo interpretarlos. Ésa es su contribución a la construcción del porvenir. Además de ser una responsabilidad profesional, hay otra razón incuestionable para hacerlo: se trata de un deber ético con las numerosas víctimas cuya dignidad agredida deberá algún día restaurarse.

Como he afirmado anteriormente: es difícil saber hacia dónde vamos cuando se desconoce todavía de dónde venimos.

Juan Antonio Blanco
Agosto, 2013

EL FUSILAMIENTO DE LA REPUTACIÓN DE LOS EMPRESARIOS CUBANOS. ANÁLISIS DE LOS ATAQUES A AMADEO BARLETTA

Origen y objetivo de la presente investigación

L o que expongo a continuación representa el resumen de una extensa investigación aun inédita. Pero, ante todo, es pertinente introducir un breve comentario, a modo de presentación personal, acerca de las razones que motivaron esta indagación.

Obtuve mi doctorado en la especialidad de Historia de las Relaciones Internacionales, y a lo largo de mi vida he compartido las tareas de profesor e investigador académico en ese campo, con las de diplomático y analista político. En Cuba, durante una década (1987-1997) pertenecí, casi desde su creación, a la Comisión Nacional que otorga los grados científicos en la especialidad de Historia. Como miembro de esta Comisión, fui responsable, junto a otros colegas, de evaluar las tesis de doctorado en esa especialidad. Esta actividad académica me obligó a ejercer el análisis crítico de los trabajos presentados, no solo desde el punto de vista de sus conclusiones, sino también sobre el rigor metodológico empleado por el aspirante a doctor.

A raíz de los sucesos que el 28 de junio del 2009 desplazaron a Manuel Zelaya de la Presidencia de Honduras, comencé a preparar un artículo que comparaba la política de buen vecino de Franklin D. Roosevelt en el pasado siglo, con la que al parecer quería ensayar el presidente Barack Obama en la crisis hondureña. Así encontré que si Honduras era el primer examen para la nueva política hemisférica anunciada por el Presidente Obama en la Cumbre de las Américas celebrada en Trinidad y Tobago, en abril de ese año, para Franklin D. Roosevelt lo había sido el conflicto con Mussolini en torno al encarcelamiento del Cónsul de Italia en la República Dominicana por órdenes del dictador Leónidas Trujillo en 1935.[5] Curiosamente, el diplomático situado en el centro de tan relevante hecho hemisférico e internacional,

---

[5] Como es sabido, el Presidente Franklin D. Roosevelt intentó alejarse de la política del «Gran Garrote» de sus predecesores y anunció una nueva relación hemisférica que se dio en llamar del «Buen Vecino». Un hecho ocurrido en 1935 en la República Dominicana puso a prueba la capacidad que podía mostrar Washington de proteger sus intereses, sin tener que interferir o intervenir en los asuntos de otros países de la región.

el Sr. Amadeo Barletta Barletta, fue un próspero inmigrante italiano que luego tendría una destacada presencia en la historia económica de Cuba.

El dictador Rafael Leónidas Trujillo dijo haber descubierto una conspiración para asesinarle, y entre los detenidos por esa causa estaba el entonces Cónsul Honorario de Italia, señor Amadeo Barletta. Como sostenía relaciones fluidas con Estados Unidos, Trujillo consideró que apresar al Cónsul italiano era un pecado que le sería perdonado por Washington, sobre todo si lograba mostrar algún tipo de confesión o evidencia de la culpabilidad del diplomático. La sospecha no era del todo infundada, ya que Amadeo, en efecto, le había ofrecido ayuda financiera en una oportunidad anterior al grupo del General Desiderio Arias[6] que planeaba derrocar a Trujillo, aunque el dictador no tenía conocimiento de este hecho. Trujillo en realidad no le tenía simpatía o confianza alguna a Barletta.[7]

---

[6] Bernardo Vega, *Desiderio Arias y Trujillo se escriben,* República Dominicana, Fundación Cultural Dominicana, 2009, pp. 150-151, 153, 178, 243, 248-249, 281, 289.

[7] Según se reporta en el expediente 100-15049 del FBI elaborado por S. F. Ducibella el 21 de noviembre de 1941, Barletta le confesó a sus amigos de la General Motors que había aceptado la oferta de ser Cónsul de Italia en República Dominicana —lo cual no le reportaba ningún beneficio apreciable a sus ya prósperos negocios— en la esperanza de que ello le ofreciera alguna inmunidad frente a Trujillo. Después

Cuando Barletta fue detenido en 1935 en la siniestra prisión de Nigua[8] la principal motivación

que el gobierno italiano se jugó todas sus bazas para extraerlo de las mazmorras del caudillo dominicano y le ofreció que aceptase la plaza de Cónsul honorario en La Habana, Barletta la aceptó nuevamente aunque en esa ocasión en agradecimiento por haberle salvado la vida. (S. F. Ducibella, *Amadeo Barletta. File No. 100-15049*, New York, Federal Bureau of Investigation, 21 de noviembre 1941. Archivos Nacionales y Administración de Records (NARA), en Maryland).

[8]   Estar encarcelado en la cárcel de Nigua, según los testimonios de quienes sufrieron esa pesadilla, era la peor de las opciones. (Nigua es un parasito que se incrusta en la carne, en especial los pies y puede llegar a impedir caminar a la persona). En aquel entonces se solía decir «era mejor tener cien niguas en un pie, que un pie en Nigua». Raúl Roa en la Introducción a *Una Gestapo en América* lo describe así:

No hay imaginación, por rica y diabólica que sea, capaz de inventar las atrocidades de la cárcel de Nigua y de la fortaleza del Homenaje. Únicamente sería dable contrastarlas con las perpetradas por los nazis en los campos de concentración. Pocas veces se propinó a la dignidad humana tan brutales ultrajes como en estos antros del crimen, sitios a unas horas de vuelo de la costa cubana. Ni conmiseración para el débil, ni piedad para el enfermo, ni respeto para la desgracia. Todos, ancianos y jóvenes, blancos y negros, pobres y ricos, intelectuales y legos, uncidos al común suplicio del trabajo forzado, de la bazofia inmunda, de la soledad enloquecedora de la «solitaria», del abandono inclemente, de los estragos del paludismo, de la mocha, del tortor y del «cantaclaro». Todos, absolutamente todos, ofendidos y humillados, día a día, hora a hora, minuto a minuto, por un torvo enjambre de facinerosos [...] «Más vale tener cien niguas en un pie que un pie dentro de Nigua». (Raúl Roa, de Trujillo fue la confiscación de sus propiedades, en particular de una empresa tabacalera que le hacía la competencia a otra empresa de ese ramo propiedad del dictador. El Departamento de Estado en Washington resistió por algún tiempo las presiones de la poderosa General Motors (asociada a la Santo Domingo Motors, propiedad de Amadeo Barletta en República Dominicana) y de la Penn Tobacco Company de Filadelfia (asociada a la empresa Dominican Tobacco Company también propiedad de Barletta) para que presionase a Trujillo. Sin embargo, las cosas cambiaron cuando un diplomático italiano finalmente logró el acceso a Barletta en su celda, informó a su gobierno y al Departamento de Estado sobre el deterioro físico y mental que el prisionero mostraba, como resultado de los brutales interrogatorios a que estaba siendo sometido para arrancarle una confesión que lo autoinculpase de planear el pretendido magnicidio.

Roma decidió entonces sondear los límites que separaban la recién inaugurada política de Buen Vecino y la persistencia de la mentalidad de la Doctrina Monroe: si los EEUU habían abandonado realmente la Doctrina Monroe y por ello no creían necesario intervenir en este asunto, el Duce podría hacer una demostración de fuerza naval con sus propios barcos de guerra en Republica Dominicana

---

Introducción en *Una Gestapo en América*, de Juan Isidro Jimenes Grullón, Santo Domingo, Sociedad Dominicana de Bibliófilos, 2003, p. 15-23).

45

para persuadir a ese gobierno de que tenía que liberar incondicionalmente al Cónsul de Italia. En dos telegramas del Sr. Schoenfeld, Embajador en la República Dominicana, al Secretario de Estado de EEUU se ratifica que el Embajador italiano amenazó con mandar barcos de guerra a Santo Domingo si Estados Unidos no resolvía la situación de Barletta.[9] Lo cierto es que Washington a partir de entonces agilizó las gestiones y persuadió a Trujillo de que liberase a Barletta.

Después de semanas de encierro solitario, interrogatorios violentos, *revolvers* que le apuntaron y de ver a otros prisioneros regresar a sus celdas destrozados tras sesiones de torturas para luego ser rematados, Barletta fue finalmente liberado y se le revocaron los decretos y sanciones judiciales por medio de las cuales le habían

---

[9]   Schoenfeld escribe en el segundo mensaje: "he again indicated that his government might decide to make a naval demonstration here and sounded me as to our attitude in such eventuality." (Él indicó otra vez que su gobierno podría decidir hacer una demostración naval aquí y me auscultó respecto a nuestra actitud en tal eventualidad). [Traducción del autor] Shoenfelf, Exp. 339.115 General Motors *Co./95: Telegram*, Santo Domingo, 10 de mayo de 1935. Shoenfelf, Exp. 339.115 General Motors *Co./85: Telegram*, Santo Domingo, 8 de mayo de 1935. Archivos Nacionales y Administración de Records (NARA), en Maryland.

Algunos historiadores dudaban que esa conversación hubiese realmente tenido lugar pero estos documentos oficiales de Estados Unidos encontrados por el autor así lo verifican.

confiscado sus propiedades y retirado sus fueros diplomáticos. Para su perplejidad, fue citado a una entrevista personal con Trujillo, quien haciendo uso de su habitual cinismo culpó a sus subalternos de todo lo sucedido y destituyó al ministro de Relaciones Exteriores.[10]

Durante el estudio del incidente de 1935, tropecé con un inusitado volumen de informaciones sobre Amadeo Barletta, «colgadas» en el pasado reciente en varios sitios de Internet, casi todas basadas en las tesis provistas por un mismo autor cubano. Decidí, entonces, hacer una investigación separada sobre las causas de ese fenómeno y sobre la seriedad de las graves imputaciones que se le hacían a Barletta.

El nombre de Amadeo Barletta era apenas un recuerdo de mi infancia, desdibujado por el tiempo. Su biografía y la mía no se habían cruzado, salvo por el hecho de que ambos cohabitamos la misma isla. Yo tenía once años cuando él se exilió y la vida nos trazó rumbos diferentes y opuestos. Pero las acusaciones que esta bibliografía reciente vertía en

---

[10] J. F. McGurk, Memorándum: Conversación entre Amadeo Barletta, Dominican Tobacco Company y la Dominican Motors Company, Mr. Clark, Representante de Puerto Rico de la General Motors Corporation y el señor McGurk, asistente del Secretario Welles, Exp. 339.115 *General Motors Export Co./198,* Washington, Departmet of State, 5 de junio de 1935. Archivos Nacionales y Administración de Records (NARA), en Maryland.

su contra parecían más bien entrelazadas con un objetivo de mayor alcance: condenar a toda una clase social y a la era republicana que precedió la revolución de 1959.

La tesis central, repetida con la machacona insistencia de toda propaganda, no era sólo que Amadeo Barletta fue un mafioso, sino que la República de Cuba, desde los años 30 del siglo pasado hasta la revolución de 1959, fue un Estado delincuencial controlado por la mafia italoamericana, en contubernio con los servicios de inteligencia de Estados Unidos y políticos locales, como Fulgencio Batista. Según ese criterio, la prosperidad económica alcanzada por la isla antes de 1959 respondió a los negocios turbios de la alianza entre esas fuerzas.

A primera vista, se trataba de una modalidad novedosa del enfoque tradicional de la historiografía oficial revolucionaria, la cual invariablemente presenta a Cuba como una isla miserable y corrupta, controlada completamente por EEUU —y por ello, carente de todo desarrollo político o económico autóctono—, que fue finalmente rescatada de esa ignominiosa situación por Fidel Castro. Lo nuevo en esta argumentación era el ingrediente de la mafia como actor protagónico en la historia de Cuba. La interrogante inmediata que eso planteaba era por qué, y en qué circunstancias los patrocinadores gubernamentales de esa historiografía oficial habían sentido la necesidad de darle ese nuevo giro a sus enfoques. Desecharlo por pedestre no era una postura válida.

El *pop culture,* producido en EEUU pero exportado a todo el planeta, muestra una permanente fascinación por los gánsteres y el tema de la mafia. La ficción pasa a ser realidad una vez que se adhiere a las páginas de los *best sellers* y salta al celuloide en Hollywood. Los académicos, en particular los historiadores, no podemos vivir de espaldas a esas circunstancias. Los encargados de producir la propaganda ideológica conocen muy bien la ventaja de lograr que Hollywood acepte sus premisas y las incluya en los *script* de sus films.[11]

Aunque no me resultaba posible involucrarme en una investigación de mayor calado, creí productivo tirar por uno de los hilos más novedosos de aquella madeja: la pretendida historia criminal del empresario Amadeo Barletta sobre la cual no reportaba ningún libro de historia —ni tan siquiera oficial— hasta entonces.

---

[11] Persiguiendo el objetivo de presentar como «escoria» a los 125,000 cubanos salidos por el Puerto del Mariel hacia Estados Unidos en 1980, el gobierno cubano liberó convictos de las cárceles y los incluyó en aquel éxodo. Pero la imagen criminal del «marielito» la construyó el film *Scarface.* El personaje del exiliado delincuente Tony Montana, personificado magistralmente por Al Pacino, vino a enraizarse en el imaginario social desde entonces.

Para abordar el tema preferí no formular hipótesis previas, sino desarrollar una estrategia de doble riel, que suponía:

- intentar la reconstrucción cronológica más exacta posible de la vida de Amadeo Barletta y ubicarla en el contexto histórico en que vivió;

- no formular hipótesis previas, sino intentar corroborar primero las que ya circulaban yendo a sus fuentes, para luego contrastar aquellas aseveraciones con nuevas evidencias y realizar el análisis crítico del rigor metodológico mostrado por esos autores;

- desechar las aseveraciones basadas en suposiciones o sospechas —al estilo de las teorías conspirativas— que no estuviesen fundamentadas en evidencias (testimonios, documentos) comprobadamente genuinas y cuya veracidad fuese posible verificar.

Se trataba de establecer una aproximación factual hacia la biografía de Amadeo Barletta, ver el modo en que ella se entretejía con la época en que vivió, y poder confirmar o descartar cuanto de cierto y falso pudiera haber en las imputaciones que se le formulaban. Si al intentar corroborarlas se evidenciaba que dichas acusaciones resultaban falsas o sin sólido fundamento, tendría entonces que aportar una explicación plausible al por qué un creciente número de autores y sitios en Internet las hacían suyas de manera directa o indirecta.

En otras palabras, me vi obligado a indagar y explicar no sólo la historia real de esta personalidad, sino también a explorar las razones y fuerzas detrás de las recientes y crecientes acusaciones en torno a este individuo, si es que no se corroboraban a lo largo de la investigación. Ese propósito supuso, por lo tanto, emprender el análisis crítico de las fuentes empleadas por los autores para fundamentar esas aseveraciones. De igual forma, se hizo necesario —más allá de su mayor o menor rigor metodológico— descifrar las motivaciones y el contexto que pudieron haber llevado a los autores a formular sus tesis de ese modo. Por último, pero no menos importante, tuve que indagar acerca de las fuerzas que hacían prosperar a ritmo acelerado la difusión de esas informaciones en los últimos años.

Esta indagación supuso una considerable inversión de tiempo que no me sobraba en aquel instante, pero la temática era fascinante y prometía arrojar luz sobre otros procesos paralelos de la historia de la época, cuya comprensión es relevante para analizar procesos vigentes en la actualidad. Por ello decidí, al completar mi artículo sobre la crisis en Honduras, dedicar un semestre a producir una investigación preliminar sobre la vida de Amadeo Barletta y las acusaciones que se le hacían.

Se avecinan cambios en Cuba y se hace necesaria la reconstrucción más exacta y desideologizada posible del pasado, en una sociedad cuyas instituciones oficiales lo han tergiversado por medio siglo. No se trata de desplazar un relato oficial por otro, sino de construir una interpretación plural de nuestro pasado que apele a las diversas narrativas, sin por ello ceder espacio a la construcción deliberada de falsedades que se presentan como verdades unívocas.

La historiografía siempre es pluralista, la propaganda no lo es. Los historiadores de cualquier inclinación ideológica persiguen la verdad sobre los hechos. La propaganda no se interesa por la verdad, sino por manipular las percepciones de manera instrumental para servir una finalidad decidida de antemano.

Ideología, propaganda e historiografía

El asesinato de la personalidad (*character assassination*) es la destrucción deliberada de la reputación de una persona, grupo social, institución o época, mediante el uso combinado de diversas técnicas de propaganda y acciones encubiertas de desinformación. Los que promueven esta actividad pueden o no emplear algunos elementos reales descontextualizando los hechos y distorsionando su significado, para hacer creíbles otras acusaciones totalmente inciertas. El objetivo del asesinato de reputación es provocar que la víctima sea rechazada por la comunidad, familia, colegas y/o la opinión pública. En general, es una estrategia que puede preceder o desarrollarse de manera paralela a otro tipo de asesinato, sea físico o económico.

Analizar el contexto histórico en que emergen estas campañas estatales de *character assassination*, las motivaciones detrás de cada una de ellas, el modo en que operan y las personas e instituciones asociadas a ellas es también tarea de la historiografía.

Los diversos ataques oficiales formulados contra el empresario Amadeo Barletta constituyen un ejemplo paradigmático de cómo se gestan y promueven esas campañas estatales destinadas al asesinato de la reputación de los adversarios del gobierno cubano. Es por esa razón que el autor de este ensayo lo ha escogido como botón de muestra, para estudiar el mecanismo oficial de *character assassination* que se utiliza en Cuba.

Este ejemplo —como muchos otros— no constituye evidencia del sometimiento de los científicos sociales cubanos y sus instituciones al poder político. Por el contrario, la regla de las últimas cinco décadas ha sido la perenne tensión entre la natural vocación profesional por el rigor metodológico que exhiben los historiadores, y la pretensión de domesticar su pensamiento y escritos con una política de zanahorias y garrotes por parte de las autoridades.

En muchas ocasiones el poder político ha tenido que recurrir a escritores oficialistas sin reconocimiento ni formación profesional como historiadores o politólogos, para sustituir las voces de los genuinos científicos sociales que, generalmente, se resisten o esquivan de varias maneras la demanda de prestar sus plumas a hipótesis dudosas. Siempre ha sido motivo de resentimiento el modo arbitrario en que los mecanismos de control ideológico inflaron de manera artificial las trayectorias intelectuales de escritores que incondicionalmente ofrecieron sus servicios al poder, mientras mantuvieron a otros académicos —genuinamente marxistas incluso, pero precisamente por ello críticos— en la marginalidad editorial y docente. Tales situaciones les son particularmente molestas a aquellos científicos sociales —en especial a los historiadores— que toman en serio, tanto su vocación socialista como el rigor metodológico que impone la dignidad de su profesión. Para ellos, cuando no están atrapados por el dogmatismo — que puede ser sincero u oportunista según el caso—, el marxismo no es herramienta propagandística, sino una escuela de pensamiento teórico abierta al cambio y la innovación.

Los estudios históricos siempre han sido vistos en cualquier sociedad como fuentes de legitimación del poder. En el caso cubano, además de intentar justificar la «inevitabilidad» histórica —y por tanto legitimidad— del proceso revolucionario, también han sido utilizados como excusas para justificar cualquier escándalo o insuficiencia endémica, en tanto incidente aislado o mal menor, atendiendo al «horrible pasado capitalista» del que emergió el régimen actual. [12]

Pero una cosa es la faena de los historiadores y las diferentes producciones historiográficas que generan desde sus diferentes paradigmas interpretativos, y otra es la propaganda y el asesinato de reputaciones.

---

[12] La visión determinista y lineal del proceso histórico, promovida por las vertientes más ortodoxas del marxismo desde el siglo XIX, entró en crisis definitiva con los sucesos de 1989, cuando se derrumbaron los regímenes que se habían declarado mono-polizadores del camino al futuro. A partir de entonces, resultó indiscutible que siempre hay más de un futuro posible que anida en el presente, hasta que uno de ellos —o una mezcla de todos— se impone. El corolario lógico de ese aserto es que, si existe siempre más de un futuro posible, entonces siempre hubo más de un pasado posible también. La guerra civil contra Batista la libraron fuerzas de vocación democrática y otras de tendencia totalitaria. Los conflictos entre ambas pasaron a expresarse como una nueva guerra civil a partir de 1959. El presente que hoy vive Cuba no era «inevitable» ni expresaba una «necesidad» de la historia. Era solamente uno de los futuros posibles en 1958. Los problemas que aquejaban a la isla pudieron haber sido también abordados por la vía alternativa social democrática, que en Cuba resultaba no menos nacionalista que su contraparte radical. Pero esta comprensión compleja y no-lineal del devenir histórico no es la que disemina el estado cubano actual a través de su maquinaria cultural, educativa y de propaganda.

Hecho y ficción
(historiografía versus teorías
conspirativas)

En sociedades cerradas, las instituciones políticas presionan sobre la indagación histórica, en la búsqueda de resultados investigativos que sustenten las políticas en curso y legitimen las acciones pasadas del régimen en cuestión. Los académicos que se apartan de los axiomas oficialmente sancionados son vistos con suspicacia y se exponen a represalias, a veces más abiertas y en otras más sutiles.

Un desafío a esta investigación es la distancia insalvable entre hecho y ficción cuando se ha renunciado al rigor en el método historiográfico a favor de conclusiones pre decididas por alguna teoría conspirativa generada o bendecida oficialmente. Es muy probable, por ejemplo, que al demostrarse la arbitrariedad de las pretendidas «pruebas» que se esgrimen contra Amadeo Barletta, se dirá que la ausencia de evidencias que lo culpan no demuestra su inocencia porque seguramente fueron escondidas o destruidas. Bajo un régimen totalitario son los acusados los que tienen que demostrar su inocencia con evidencias, mientras los fiscales reclaman su sentencia por «convicción».

El desmontaje del capitalismo nacional

Las fuerzas que gradualmente lograron centralizar el poder entre el triunfo revolucionario de 1959 y la primavera de 1961, condenaron a muerte al capitalismo cubano y a su clase empresarial. Sin embargo, no podían mostrar desde un inicio sus verdaderas intenciones por el temor a que sus futuras víctimas se unieran tempranamente en un frente común. Fue por eso que la llamada Ley Fundamental, de 1959, que sustituyó a la Constitución de 1940, en cuya defensa se luchó contra Batista, prohibía las confiscaciones de propiedades, salvo en los casos en que hubiesen «indicios razonables de enriquecimiento ilícito» al amparo del derrocado régimen dictatorial.

Este enfoque permitió un proceso de expropiaciones que comenzó por los casos más evidentes de culpabilidad y se extendió progresivamente a otras personas inocentes, pero a las que se les calumniaba en los medios de comunicación como «batistianos», para generar una atmósfera favorable a la confiscación de sus bienes. La burguesía cubana parece haber demorado en tomar conciencia de que ya las expropiaciones tenían poco que ver con las evidencias que el fiscal esgrimiese contra el inculpado. No vieron con claridad que hoy vendrían por otros y mañana por ellos.[13]

No se trataba —como muchos pensaban— de «excesos» cometidos por jóvenes radicales, inexpertos, pero bien intencionados. Lo que en realidad sucedía era que estaba en marcha un plan maestro para la liquidación no solo de la clase burguesa, sino de todo el mercado, que ya para 1968 quedaría totalmente estatizado en manos de un gobierno de partido único. Las expropiaciones comenzarían en 1959 por genuinos corruptos del régimen anterior, continuarían después con las más altas figuras de la clase burguesa y se extenderían luego —en marzo de 1968— a todo aquel que tenía un trabajo por cuenta propia o una micro empresa. Pero a inicios de los años sesenta, privar a sus enemigos de recursos económicos y de medios de comunicación independientes del Estado a los que pudieran acudir a exponer su perspectiva de la situación, resultaba crucial para Fidel Castro y el núcleo de dirigentes radicales en su entorno inmediato.

---

[13] Un caso interesante es el del magnate azucarero Julio Lobo. Conociendo el excepcional talento industrial y pericia financiera de Lobo, Ernesto Guevara le hizo una oferta que él consideraba generosa: expropiarlo pero ofrecerle un puesto de asesor con el gobierno revolucionario. (John Paul Rathbone. *The Sugar King of Havana: The Rise and Fall of Julio Lobo, Cuba's Last Tycoon,* The Penguin Press HC, 2010)

La implementación de esa estrategia, que en sus inicios se ejerció contra la gran empresa, terminó en 1968 con la llamada «ofensiva revolucionaria» contra miles de pequeños y medianos negocios y con el cierre del trabajo por cuenta propia en todo el país. Los carpinteros y los plomeros independientes también serían acusados en su momento de ser una fuerza social contrarrevolucionaria.

Ya para el 13 de marzo de 1968 Fidel Castro no tenía que disfrazar sus objetivos: «De manera clara y terminante debemos decir que nos proponemos eliminar toda manifestación de comercio privado, de manera clara y terminante».[14] Sin embargo no dejaba de emplear contra estos humildes emprendedores la misma técnica de fusilar su reputación empleada antes contra los escalones superiores de la clase empresarial: «Si mucha gente se preguntara qué clase de revolución es esta que permite semejante clase de parásitos todavía a los nueve años, tendría toda la razón de preguntárselo. Y creemos que debemos ir proponiéndonos,

---

[14]   Fidel Castro. Discurso pronunciado en el Acto Conmemorativo del XI Aniversario de la Acción del 13 de Marzo de 1957, efectuado en la escalinata de la Universidad de La Habana, Castro Speech Data Base, LANIC, University of Texas at Austin, http://lanic.utexas.edu/.

firmemente, poner fin a toda actividad parasitaria que subsista en la Revolución».[15]

Este proceso gradual de liquidación de las relaciones de mercado en Cuba y de aniquilamiento de los sectores sociales asociados a ellas, siempre fue el *leit motiv* real que se escondía detrás de cada acusación individual. Es por ello que quienes eran víctimas de ataques injustos no tenían la menor posibilidad de escapar a su destino, por muchas evidencias a favor de su inocencia que pudiesen reunir.

En esta cuestión la revolución cubana siguió el espíritu y metodología de los bolcheviques al menospreciar la culpabilidad o inocencia de los individuos y juzgar exclusivamente la «culpabilidad» de una clase social. Nadie expresó mejor ese enfoque que el segundo jefe de los servicios de la policía secreta (Cheka) de Lenin, el temido Latvian M.Y. Latsis, al explicar el verdadero significado del «terror rojo»:

> *La Comisión Extraordinaria no es ni una comisión investigadora ni un tribunal. Es un órgano de lucha que actúa en el frente interno de la guerra civil. No juzga al enemigo, lo golpea (...) No estamos llevando a cabo una guerra contra individuos. Estamos exterminando la*

---

[15] *Ibid.*

burguesía como clase. No estamos buscando evidencias o testigos que revelen hechos o palabras contra el poder soviético. La primera pregunta que hacemos es a cuál clase usted pertenece, cuáles son sus orígenes, crianza, educación o profesión. Estas preguntas definen el destino del acusado. Esta es la esencia del Terror Rojo. [16]

Las tres campañas contra Amadeo Barletta

La vida de Amadeo Barletta Barletta, como la de cualquier persona, no carece de situaciones que den pie al legítimo debate sobre las opciones —acertadas o erradas, pero explicables— que adoptó en algún momento de su existencia. Sin duda, su simpatía inicial por el régimen de Mussolini, actitud compartida con la mayoría de los italianos durante años, es una de ella.

En efecto, sus negocios llegaron a ser incluidos en las llamadas listas negras de empresas italianas y alemanas (*Proclaimed List of Certain Blocked*

---

[16] Paul M Johnson, *Modern Times. The World from the Twenties to the Nineties*, New York, Perennial, 1983, pp. 70-71. Toma la cita de Harrison Salisbury. *Black Night; White Snow: Russia's Revolution 1905-1917*, London, 1978, p. 565. [Traducción del autor.]

Nationals) y tuvo algunas dificultades para obtener visados en EEUU por haber sido Cónsul de su país, como hoy les sucede a muchos funcionarios cubanos por su conexión con ese gobierno y/o el Partido Comunista. Esas sanciones colectivas fueron levantadas posteriormente.

Pero, como evidencian las pesquisas del propio FBI, más allá de prestar servicios consulares honorarios a Italia en República Dominicana[17], Barletta no estuvo involucrado en ningún acto criminal o de espionaje en esa época, cuando la inmensa mayoría de los italianos, y no pocos en el extranjero, profesaban su apoyo fanático al proyecto del Duce.[18]

---

[17]   Vega, *Op. Cit*, p 325. Bernardo Vega afirma: «La colonia italiana no promovía actividades culturales vinculadas con su Madre Patria. Por su relativamente larga estadía en el país y por esa falta de cohesión, los italianos se asimilaron a la vida dominicana mucho más rápidamente que otros grupos extranjeros (v.g. los alemanes), debilitándose así su sentimiento de nacionalidad. Por estas razones el apoyo de esa colonia al fascismo de Mussolini fue bastante tibio. La Embajada norteamericana siempre reportó que los italianos hacían pocos esfuerzos por propagar ideas fascistas entre los dominicanos y que no realizaron ningún tipo de actividad de espionaje o de ayuda a su país en la contienda bélica».

[18]   El informe del FBI que obra en el expediente 100-1660 elaborado por Mario L. Brown el 5 de febrero de 1941, declara cerrada las pesquisas sobre Amadeo Barletta al que se exonera de sospecha por actividades antiamericanas (Un-American). Años más tar-de, en junio de 1945, su nombre sería retirado de las listas de nacionales italianos cuyas empresas eran

El hecho de que los gobiernos democráticos de posguerra le concedieran algunas de las más altas condecoraciones de Italia a Barletta[19] dicen de la positiva valoración que se tenía de este empresario que sirvió durante algunos años como Cónsul de Italia en dos países del Caribe durante parte del gobierno de Mussolini. Particularmente es significativo que en el caso de la «Orden de la Estrella de Solidaridad Italiana» fuese Winston Churchill la decimoquinta personalidad en recibirla[20] y Amadeo Barletta la decimo sexta. El

---

sometidas a medidas de embargo. En los documentos relacionados con esas inves-tigaciones el FBI no hace mención alguna a conexiones del empresario con actividades o elementos criminales. L. Marion Brown. *Amadeo Barletta. File No. 100-1660*, Miami, Federal Bu-reau of Investigation, 5 de febrero de 1942. Archivos Nacionales y Administración de Records (NARA), en Maryland.

[19] El Ministro de la Industria y el Comercio le otorga la orden de «Caballero al Mérito del Trabajo», siendo el primer italiano residente fuera de Italia que lo recibe. Gronchi. *Cavaliere al Merito del Lavoro No. 1329*. Foglio 121. Volume I, Minitro per l' Industria ed il Commercio. Presidente Della Repubblica, 2 de junio 1955.

[20] Gli Affari Esteri. *Ordine della Stella della Solidarietà Italiana No. 16*, Presidente Della Repubblica Italiana, 18 de noviembre 1952. La "Orden de la Estrella de Solidaridad Italiana" es una orden nacional creada en 1947 por el primer presidente de la República Italiana, Enrico De Nicola, para reconocer a civiles y militares expatriados o extranjeros que hubiesen realizado una contribución sobresaliente a la reconstrucción de Italia. La Orden tenía diferentes categorías, el 18 de diciembre de 1948, Barletta recibió por primera vez

cuanto a la Orden de «Caballero al Merito del Trabajo» Barletta fue el primer italiano que sin haber residido por muchos años en su país la recibiese.

Los ataques lanzados contra la reputación de este empresario de origen italiano tuvieron poco que ver, sin embargo, con el debate legítimo que los historiadores pudieran sostener sobre la cercanía de Barletta al régimen de Mussolini.

El análisis pormenorizado de las acusaciones contra este y otros empresarios adquiere una importancia que desborda la obligación moral de proteger la imagen de sus víctimas. Su honra personal y la de la historia nacional republicana están ahora entrelazadas por una propaganda que pretende presentarse como historiografía para denigrar la de ambos.

Primera campaña contra Amadeo Barletta

En los últimos cincuenta años, la imagen de Amadeo Barletta ha sido agredida mediante tres campañas concertadas y/o auspiciadas por el gobierno de Cuba. La primera (1960) estuvo dirigida a justificar la intervención de las propiedades de Barletta, en particular del periódico y la estación de TV, sobre la única justificación que

---

este reconocimiento (Expediente No. 9); la que recibió en 1952, expediente No 16, era el grado máximo de la orden. El expediente No. 15 correspondió a Winston Churchill.

la ley permitía entonces para una confiscación: haberse enriquecido al amparo de la dictadura de Batista. En ese punto se centraron las acusaciones.

En aquel momento ya se extendía en toda la isla una guerra civil. La rebelión anticomunista llegó a tener miles de insurrectos y focos insurgentes en tres provincias. En ese contexto el gobierno necesitaba con urgencia una estación de TV de alcance nacional, como *Telemundo*, y un periódico de igual alcance, como *El Mundo*, para la difusión de su propaganda de guerra. Para arrebatárselos a Barletta era necesario presentarlo como batistiano.

Sin embargo, Barletta nunca se enriqueció a la sombra de Fulgencio Batista y Zaldívar en Cuba; sus intereses empresariales y propiedades fueron afectados en más de una ocasión y de manera sensible por ese político cubano. Ningún funcionario o familiar de Batista estuvo asociado a los negocios de Barletta, ni éste recibió financiamientos de las instituciones del Estado bajo su régimen dictatorial. El Administrador de Aduana del régimen de Batista le negó siempre a Barletta las exoneraciones que le correspondían, según la ley de 1957, para que los ensambladores de sus empresas importaran piezas. Como mencionara Amadeo Barletta en su alegato del 22 de marzo de 1960 ante el Tribunal de Cuentas en Cuba: «Lejos de gozar mis negocios de la protección del régimen de Batista, lo que encontré siempre fueron dificultades y aun franca hostilidad».[21]

Los terrenos adquiridos por Barletta en las afueras de la ciudad de La Habana (Boyeros) los compró entre agosto y septiembre de 1951, antes del golpe de Estado de Batista del 10 de marzo de 1952 por lo que el desarrollo urbano posterior a su adquisición no podía constituir evidencia de contubernio con el régimen del *batistato*. Igualmente falsas eran las acusaciones de que Barletta había evadido impuestos en 1957 como demostraba de forma detallada el alegato que presentó contra la confiscación de sus bienes, además de ser irónico que la misma revolución que había llamado a los empresarios a no pagar impuestos hasta la caída de la tiranía ahora pretendiera juzgarlo por ese hecho.

Tampoco colaboró Barletta con las persecuciones de los cuerpos de represión política de Batista. Por el contrario, hay testimonios de que proveyó empleo a personas incluso vinculadas al partido comunista, como el humorista Marcos Behmaras (cuyo contrato le supuso pagar de manera consciente una cantidad adicional de la cual se apropiaba el Partido Socialista Popular). Sus

---

[21] Amadeo Barletta Barletta, *Apelación al Tribunal de Cuentas. Expediente 3-2-8884*, Ministerio de Recuperación de Bienes Malversados, Dr. Lázaro Ginebra. Colegio de Abogados de La Habana, 22 de marzo 1960.

únicas transacciones con el Estado cubano consistieron en venderle productos de sus empresas (vehículos General Motors, principalmente) en términos competitivos. Pese a que el Tribunal Supremo dictaminó en su favor desde 1956 para que se le devolviese un edificio de su propiedad confiscado por Batista en 1942, ese dictador abandonó Cuba en enero de 1959 sin cumplir el fallo judicial.

El periódico *El Mundo*, propiedad de Amadeo Barletta, mantuvo siempre una línea editorial crítica al gobierno y favorable a una salida no violenta de la crisis nacional. En él laboraron personalidades como Raúl Roa, Carlos Lechuga, Manuel Bisbé y otros destacados revolucionarios.

Las acusaciones del periódico *Revolución* durante los días previos a la expropiación de sus propiedades sobre la base de supuestas relaciones de Barletta con Trujillo, sirvieron el mismo objetivo de contribuir a generar una opinión pública negativa en el momento en que se le confiscaran las propiedades. Pero la acusación fue igualmente ridícula. Amadeo Barletta nunca fue socio de Trujillo (o sus familiares), mucho menos su «Cónsul», sino su víctima y adversario. Incluso cuando la empresa tabacalera de Barletta competía con la que era propiedad de Trujillo se intimidaba a los consumidores dominicanos insinuando que fumar los cigarrillos manufacturados por la empresa del inmigrante italiano equivalía dar una señal de oposición al régimen trujillista cosa que nadie que quisiera preservar su seguridad querría hacer en aquellos años.

Su conflicto con Trujillo no cesó nunca desde que en 1930 alertara al presidente Horacio Vásquez del golpe de estado que tramaba el futuro dictador vitalicio. Hay fichas sobre Amadeo Barletta en el Archivo privado de Trujillo que demuestran que el dictador le seguía los pasos donde quiera que estaba (Argentina, Cuba, Estados Unidos). Barletta mantuvo relaciones y ayudó financieramente a destacados exiliados dominicanos, como fue el caso del Dr. Juan Bosch durante el tiempo en que éste vivió en Cuba, por lo que una vez electo presidente, el agradecido dominicano le ofreció al hijo de Barletta la codiciada plaza de embajador en Washington, aunque éste la declinó.

Segundo ataque a Barletta

El segundo ataque a Amadeo Barletta tomó la forma de un exabrupto periodístico y ocurrió en 1971. Esta vez mediante un largo artículo en la página ideológica del periódico *Granma*. Fue en realidad una represalia, por la eficacia de las denuncias de su hijo, Amadeo Barletta Jr., ante la asamblea anual de la Sociedad Interamericana de Prensa (SIP) sobre la situación del periodismo en Cuba. El artículo llevó la firma del periodista Pedro Luis Padrón bajo el título de «Amadeo Barletta, representante en Cuba de los negocios de la pandilla yanqui *Cosa Nostra*». [22]

Es obvio que de haberse encontrado en 1960 la menor evidencia de una conexión de Barletta con el crimen organizado cuando las autoridades cubanas inspeccionaron minuciosamente sus oficinas y libros contables —la intervención se llevó a cabo de manera más «informal» durante un fin de semana, en enero de 1960, y luego con carácter oficial y definitivo en febrero de ese año—, ello habría ocupado el centro de atención, tanto de la campaña periodística en su contra, como de las acusaciones presentadas contra él por el Ministerio de Recuperación de Bienes Malversados.

Sin embargo, no fue hasta 1971 que el órgano oficial del Partido Comunista de Cuba asume la responsabilidad de acusarlo de «mafioso» al rechazar las denuncias formuladas ante la SIP por su hijo sobre la ausencia de libertad de prensa en Cuba. El uso peyorativo del término en dicho artículo coincide con el éxito internacional de la novela de Mario Puzo, *El Padrino,* por lo que bien podría suponerse que el periodista consideró un recurso de propaganda eficaz utilizarlo para denigrar en esta ocasión la integridad de los Barletta.

---

[22] Pedro Luis Padrón. "Amadeo Barletta, representante en Cuba de los negocios de la pandilla yanqui 'Cosa Nostra'", *Granma*, 31 de marzo de 1971.

Tercer intento de asesinato de la reputación de Barletta

El tercer asalto a la imagen de Barletta se inicia en el contexto del IV Congreso del Partido Comunista en 1991. Aquel era el primer evento político de envergadura después del escándalo por narcotráfico del verano de 1989 que involucró a las instituciones militares cubanas. En esta ocasión los ataques a Barletta son en realidad el componente colateral de un objetivo oficial de mayor magnitud: hacer aparecer la República de Cuba previa a 1959 como un Estado controlado por la mafia internacional.

Esa tercera ola de ataques es iniciada desde entonces con los escritos de Enrique Cirules y es la primera que pretende vestir un ropaje académico. Esta sostenida campaña —ahora apoyándose en Internet— ha multiplicado el mensaje por medio de actores instrumentados y otros inocentes y ha incluido las peores falsedades sobre Amadeo Barletta.

El autor ha comprobado que los documentos citados por autores como Enrique Cirules como evidencias acusatorias contra Amadeo Barletta, no lo mencionan, ni prueban el supuesto vínculo de Barletta con la mafia. Cirules emplea la técnica de citar a favor de sus argumentos ciertas fuentes documentales, las cuales a su vez son referidas a otras fuentes, con lo cual el lector común se desanima a darles seguimiento. De rastrearse la fuente original, cualquier lector se percataría de que la documentación a la que se le atribuyen las evidencias contra Barletta no provee ninguna. Cuando se localiza el documento primario en el que basa su aseveración, o bien no tiene referencia alguna a Barletta, o no sostiene la afirmación que el autor intenta demostrar. El insigne historiador cubano, ya fallecido, Manuel R. Moreno Fraginals, siempre insistía en la necesidad de ir a las fuentes originales cuando se hacía una investigación. Su consejo no fue aplicado en este caso por aquellos que irreflexivamente se hicieron eco de los argumentos de Cirules, luego reproducidos por T. J. English.

Ese es el caso, por ejemplo, de las referencias en el libro *El Imperio de La Habana* a la supuesta administración de Barletta de los bienes de la familia Mussolini. En *El Imperio de La Habana*, su autor, Enrique Cirules, nos remite en ese tema a sus artículos en la revista *Bohemia* de octubre de 1991; donde, a su vez, nos remite al libro *La Coletilla* del fallecido ex embajador de Fidel Castro en Francia, Gregorio Ortega (1989), quien al mencionar esa afirmación no dice cuál es su fuente, pero mezcla el tema con una referencia al número de la *Gaceta Oficial de Cuba* donde se anuncia la confiscación de los bienes de Barletta. Y cuando, finalmente, se revisa el texto de la *Gaceta* allí no aparece el nombre de Mussolini o referencias a su familia en ninguna parte.[23]

Por su parte, el escritor *free lance* estadounidense T.J. English —actualmente acusado de plagio por Enrique Cirules— cita en sus aseveraciones sobre Barletta un documento del Organized Crime Bureau de Miami Dade, Departamento del Tesoro, de septiembre de 1961. Resulta muy difícil localizar en la actualidad ese texto porque esos archivos se dispersaron. Pero el autor de esta investigación pudo obtener una copia —cortesía del biógrafo de Santo Trafficante Jr., el señor Scott M. Deitche—, y resultó ser el expediente elaborado por esa institución sobre Trafficante Jr. y allí no aparece en ninguna parte una mención a Amadeo Barletta.

Los legajos acerca del Banco Atlántico depositados en el Archivo Nacional de Cuba —de muy difícil acceso a cubanos y a extranjeros— que son insistentemente citados por Cirules en su libro, como evidencia del vínculo mafioso de esa entidad bancaria propiedad de Barletta,[24] tampoco van más allá de exponer las fallas o vulnerabilidades

---

[23] Resolución No. 3027. Ministerio de Recuperación de Bienes Malversados. *Gaceta Oficial*, 17 de marzo 1960. La Habana. pp. 6595 - 6600

[24] Enrique Cirules. *El imperio de La Habana*. Capítulo VII. "El lavado de dinero", Ciudad de La Habana, Cuba: Casa de las Américas, 1993, pp. 175-187.

administrativas señaladas por los inspectores en las rutinarias auditorias anuales que efectuaba el Banco Nacional en todas las entidades financieras, y que posteriores inspecciones al Banco Atlántico declararon superadas. Un examen de todas esas actas según copias fotostáticas en propiedad del autor demuestra que las fallas indicadas fueron atendidas, y la última evaluación a esa entidad financiera fue declarada como satisfactoria.

Esas inspecciones de rutina nunca propusieron sanciones al Banco Atlántico de Barletta, aunque otras entidades financieras fueron incluso intervenidas exigiéndose la renuncia de los directivos como ocurrió a varios bancos cubanos en la década de los cincuenta. El Banco Hispano Cubano, una institución con cerca de ocho millones de dólares en depósitos y directamente vinculada a la esposa del presidente Batista, Marta Fernández, y a José López Vilaboy, un testaferro del dictador, quienes poseían entre ambos el 80% de las acciones, fue intervenido el 10 de septiembre de 1957 por graves irregularidades y conminados a venderlo en julio de 1958. Este hecho —ocurrido en el año más represivo de la dictadura de Batista— pone en entredicho la apreciación de Cirules de que las irregularidades que pudieran encontrar los inspectores del Banco Nacional en una entidad financiera eran resueltas con «palmaditas en la espalda» entre los gobernantes y la clase empresarial. La pretensión de que se ejerció algún favoritismo oficial hacia el Banco Atlántico carece de evidencias y de solidez.

La documentación oficial del Banco Atlántico tampoco muestra evidencia alguna de que Barletta sostuviera siquiera una relación de negocios o personal con el sector económico (turismo/juego) al que esos elementos mafiosos estuvieron vinculados en Cuba. Ninguno de sus accionistas o prestatarios tenía antecedentes criminales ni estaba vinculado al sector de turismo, hoteles y casinos.

El autor no pudo encontrar una sola evidencia que en modo alguno inculpase a Amadeo Barletta de las pretendidas acusaciones después de realizar más de una decena de entrevistas, visitar numerosos archivos (además de realizar una intensa pesquisa a través de terceras personas en el Archivo Nacional de Cuba) y de revisar decenas de libros y documentos originales.

Particular valor tuvieron en estas indagaciones los testimonios de los principales biógrafos de Santo Trafficante Jr. (Scott M. Deitche) y de Meyer Lansky (Robert Lacey)[25], así como de Gordon Wilson, principal responsable de los archivos históricos del Organized Crime Bureau de Miami

---

[25] Ver de Robert Lacey *Little Man: Meyer Lansky and the Gangster Life.* (Little Brown & Company. Canada. 1991) y de Scott M. Deitche *The Silent Don: The Criminal Underworld of Santo Trafficante Jr.* (Barricade Books Inc. Estados Unidos. 2009).

Dade County.[26] Todos ellos dedicaron largos años a sus pesquisas sobre estas personas y me aseguraron que nunca vieron el nombre de Amadeo Barletta en ninguno de los miles de documentos que inspeccionaron, ni lo escucharon en boca de los múltiples testigos que entrevistaron.

Tampoco pudo el autor encontrar nada incriminatorio contra la figura de Barletta en los siguientes lugares: Archivo Nacional de Cuba, Archivos del Palacio Nacional de Santo Domingo, Archivo Particular del Generalísimo (APN-APG), Santo Domingo; Archivos Nacionales de EEUU, Departamento de Estado, Maryland; Archivos de la General Motors, Denver; Archivos del Organized Crime Bureau de Miami Dade County; Archivos personales de la familia Barletta, Santo Domingo; Cuban Heritage Collection de la Universidad de Miami; Biblioteca de la Universidad Internacional de Florida y la Colección de la Fundación Mary Ferrell.

Nada apareció que inculpase a Amadeo Barletta en los expedientes que sobre él le fueron entregados al autor por la CIA, el FBI y el servicio de inteligencia militar de EE.UU. bajo la Ley sobre la Libertad de Información (*Freedom of Information Act, FOIA*). Tampoco fue mencionado

---

[26]   Wilson tiene un sitio en Internet en que expone una parte de esa documentación:
http://cuban-exile.com/doc_051-075/doc0073.html.

en las audiencias de la Comisión Kefauver[27] a las que se refería el periódico *Granma* en 1971, ni sus expediente en el National Archive, en Maryland (incluyendo una referencia biográfica elaborada por la embajada de EE.UU. en La Habana en febrero de 1957 a propósito de una solicitud de visa) contienen referencia alguna de una conexión mafiosa.[28]

---

[27] El 3 de mayo de 1950, el Senado de EE.UU. creó una Comisión Especial de cinco miembros para investigar el crimen organizado (Investigation of Organized Crime in Interstate Commerce) dirigido por el senador Estes Kefauver. La comisión visitó 14 de las principales ciudades del país en 15 meses. Al llegar a New Orleans se trasmitió por televisión, y a partir de entonces se convirtió en un show mediático. Se calcula que la audiencia alcanzó a los 30 millones. Los 19 volúmenes de las transcripciones de todas las audiencias están disponibles en Internet. Los nombres de Amadeo Barletta, Ambar Motors La Habana y Santo Domingo Motors, no aparecen citados ni siquiera una sola vez. En el momento que el periódico *Granma* publicó (1971) la acusación contra Barletta era más fácil construir una calumnia con referencias que eran difíciles cuando no imposibles de verificar.

[28] Es relevante que en ese documento sobre Amadeo Barletta de febrero de 1957 elaborado en la Embajada de Estados Unidos en Cuba por el Consejero Vinton Chapin, no hay referencia a vínculo alguno del empresario italiano con elementos o actividades criminales como tampoco hay ninguna indicación de que esa influyente embajada conociera de vínculos privilegiados de Barletta con el régimen de Batista. Vinton Chapin, *Despacho No. 749. Información biográfica concerniente a Amadeo Barletta*. Embajada Americana en La Habana, 10 de Mayo 1957, *Ref. Memorándum A-171, Exp.*

En una explicación contextualizada, tanto Robert Lacey como Scott M. Deitche, especialistas en temas de la mafia y en particular en las biografías de Lansky y Santo Trafficante, se refirieron al por qué descartaban la tesis acerca de la existencia de «familias» mafiosas organizadas en Cuba —que no equivale a decir presencia de mafiosos involucrados en negocios—, y a la pretensión de que se usaban bancos para «lavar dinero», cuyo origen de hecho era lícito al provenir del juego.

Es de especial interés la contribución de Robert Lacey, único biógrafo de Lansky que pudo acceder en Israel al expediente completo del gobierno de los Estados Unidos sobre ese personaje. Lacey había solicitado a través del FOIA el acceso los expedientes de las distintas agencias norteamericanas sobre Meyer Lansky y después de esperar por cierto tiempo le entregaron un expediente lleno de tachaduras y por lo tanto inservible.

El incansable biógrafo se trasladó entonces a Tel Aviv y solicitó a las autoridades israelíes que le dieran acceso a lo que tuviesen sobre el tema. Para su sorpresa los israelíes le entregaron adicionalmente el expediente completo estadounidense que Washington les había hecho

---

101.21/5-1057, 1 de febrero de 1957. Archivos Nacionales y Administración de Records (NARA) en Maryland.

llegar para sustentar su solicitud de que no le otorgasen la ciudadanía israelí a Lansky cuando aquel la solicitó.

El contenido de estos expedientes fue celosamente recopilado por todas las agencias del gobierno estadounidense ya que era su oportunidad de persuadir a Tel Aviv de que no le concediera la ciudadanía Lansky.

Según Lacey, los expedientes ocupan más de tres pies lineales de espacio y equivalen a dos gavetas de un archivero. Lacey detalla que las carpetas están repletas de telegramas, memos oficiales internos, informes de vigilancia así como de artículos de periódicos que fueron cuidadosamente recortados y agregados a documentos descritos como «hojas informativas» (*fact sheets*). En ninguno se menciona a Amadeo Barletta ni su supuesto liderazgo al frente de una «familia mafiosa» en Cuba.[29] Vale la pena apuntar que Lacey también viajó a Cuba para investigar las actividades de Lansky; revisó en la Isla viejos archivos del Hotel Riviera y otros relevantes a su pesquisa. Tampoco en ellos había referencia alguna a Amadeo Barletta y la leyenda que le atribuye Cirules de supuesta asociación con Lansky y otros mafiosos.

---

[29] Lacey. *Op. Cit*, pp. 314-315.

A juicio de Lacey, Deitche y el historiador colombiano Sáenz Rovner, las grandes ganancias que provenían del juego no implicaban riesgo alguno ya que se trataba de una actividad legal, razón por la cual nadie que deseara permanecer en ese sector arriesgaría sus grandes tasas de ganancias para realizar operaciones paralelas y riesgosas, como el narcotráfico.

Es pertinente decir que la trayectoria de la formación del capital inicial de Amadeo Barletta y su posterior crecimiento está documentada desde que fundó la Santo Domingo Motors en República Dominicana[30] y en ningún momento muestra una conexión con elementos del crimen organizado o a sectores como el turismo y los casinos vinculados a sus actividades.

De haber existido alguna conexión criminal o de espionaje para el Eje se habría detectado en la antes citada investigación pormenorizada que el FBI hizo sobre Barletta y sus finanzas entre julio de 1941 y febrero de 1942. La pesquisa se desarrolló

---

30 El autor pudo acceder a los archivos de esa empresa y a los personales de Amadeo Barletta, cortesía de su familia que además le permitió copiar algunos de los documentos más relevantes a esta pesquisa. Fue revisado el Libro de Actas de la Junta de Accionistas desde 1920 hasta 1962, donde se aprecia el crecimiento normal de una empresa que tuvo varios reveses (con el ciclón San Zenón en 1930, y luego durante la Segunda Guerra Mundial). No hay ningún dato relevante o sospechoso, en cuanto a crecimiento súbito del capital, o accionistas ocultos.

en Cuba, pero también en New York y Buenos Aires a donde Barletta viajó a residir después de renunciar a su puesto de Cónsul Honorario de Italia en La Habana. La indagación concluyó cuando el agente especial encargado del caso llegó a la conclusión de que el empresario italiano no estaba involucrado en actividades antiamericanas (*un-American activities*),[31] concepto que en Estados Unidos ha sido lo suficientemente elástico como para incluir desde la actividad de un potencial espía hasta la del crimen organizado.

El autor conserva una extensa colección de fotocopias de toda la documentación relevante encontrada en los archivos, grabaciones de entrevistas realizadas a lo largo de la investigación y los mensajes cruzados con algunos especialistas extranjeros y cubanos en los temas abordados. También se realizó una investigación complementaria sobre el origen y trayectoria del Banco Atlántico accediendo a toda la

---

[31] Brown, *Op. Cit.* En otro documento del FBI de fecha 16 de febrero de 1942 elaborado por H.H. Calkies, se refiere en detalle a diferentes cuentas de depósito, valores en bonos y acciones en empresas que Barletta poseía y que se encontraban bloqueados por el embargo, entonces vigente, contra las empresas de ciudadanos italianos. En ninguna parte hay una referencia a un posible origen dudoso de esos bienes o a una actividad sospechosa en torno a las finanzas del empresario. *H. H. Calkies, Amadeo Barletta. File No. 100-15049*, New York, Federal Bureau of Investigation, 18 de febrero de 1942.

documentación disponible en el Archivo Nacional de Cuba.

¿Qué motivaciones puede haber detrás de la campaña iniciada en 1989?

El análisis de esta campaña contra Amadeo Barletta le impone al investigador la necesidad de valerse de las mismas reglas metodológicas que emplea la historiografía al juzgar las fuentes, para poder determinar el valor de los artículos que promueven la obra de Cirules, y que han sido publicados en diversos sitios de Internet.

¿Quien afirma estas cosas? ¿Cuál es su trayectoria intelectual y/o política? ¿Qué motivaciones pueden existir para que alguien o algunos promuevan esa perspectiva en este momento? ¿Se trata de un esfuerzo concertado cuando se repiten los mismos argumentos sin someterlos a análisis, con la finalidad de imponerlos como parte del «sentido común»? ¿Puede esa fuente estar en condiciones de acceder a esa información y saber realmente lo que dice? ¿Qué acceso real a esas informaciones pudo tener la fuente? ¿Muestra un lenguaje retórico y parcializado en sus afirmaciones?

Esas preguntas generales conducen a otras específicas sobre este caso. ¿Por qué se produce este nuevo esfuerzo difamatorio después de casi dos décadas del exabrupto de *Granma* en 1971 en respuesta a las denuncias de Barletta Jr. en la SIP?

¿Se trata de la simple obra de una persona que por ausencia de rigor profesional lanza esas acusaciones? ¿Estamos ante un nuevo capítulo de las campañas organizadas con anterioridad contra esta persona? De tratarse de esto último, ¿qué la motiva y qué objetivos se persiguen en esta ocasión? Adelantaremos el criterio de que, más allá del papel, consciente o no, jugado personalmente por Cirules, la acogida positiva a su obra y el apoyo que instituciones estatales prestaron a su diseminación persiguieron un objetivo estratégico que rebasa la finalidad de denigrar nuevamente la figura de Barletta.

Hay razones para suponer que la intención de difundir los escritos de Cirules sobre este tema era promover su tesis de que el escándalo de narcotráfico destapado en 1989 —que concluyó con el fusilamiento del General Arnaldo Ochoa y otros altos mandos militares— fue un incidente aislado y excepcional en el proceso revolucionario, mientras que toda la prosperidad de la clase empresarial cubana en el capitalismo provino de la alianza entre la mafia, los servicios de inteligencia de EEUU y los políticos cubanos de aquella época.

En términos de propaganda, los artículos y obras de Cirules, a partir de 1989, sirvieron objetivamente a la necesidad del Estado cubano de justificar las revelaciones que estremecieron ese año a la opinión pública cubana e internacional sobre las relaciones del gobierno de Fidel Castro con el narcotráfico.[32]

Es particularmente curioso que entre el 4 y el 25 de octubre de 1991, de manera coincidente con la celebración del IV Congreso del PCC, la revista *Bohemia* publicase de manera destacada una serie de cuatro artículos de Cirules sobre el narcotráfico y la mafia en la época republicana. [33]

Aquel fue el primer congreso que celebraban los comunistas cubanos después del escándalo por narcotráfico a mediados de 1989 y de la extensa purga de oficiales que se llevó a cabo en el Ministerio del Interior (MININT) a raíz de aquellos sucesos. En los artículos publicados en *Bohemia*, Cirules ya hace referencia al libro que tenía «en

---

[32] Sin duda el escándalo del narcotráfico ha sido una de las mayo-res crisis de legitimidad que haya enfrentado el poder de Fidel Castro. Desde los días de la guerra civil contra los elementos social democráticos de la coalición antibatistiana, no se había producido una purga mayor de militantes revolucionarios de alta jerarquía. Además del reducido grupo de oficiales del MININT y las FAR que fueron fusilados o sancionados a prisión, hubo una completa reorganización del Ministerio del Interior en la que fueron removidos de sus cargos y/o o excluidos de esa institución decenas de altos oficiales.

[33] Enrique Cirules, "El imperio de La Habana", *Bohemia*, 4 de octubre 1991; "Operaciones y fraudes", *Bohemia*, 11 de octubre 1991;"Los negocios de Don Amleto", *Bohemia*, 18 de octubre 1991; "Trafficante: la era de la cocaína", *Bohemia*, 25 de octubre 1991.

preparación» (*El Imperio de La Habana*) sobre el siempre *best seller* tema de la mafia.[34]

Cirules ha tenido una trayectoria profesional cercana a las Fuerzas Armadas Revolucionarias (FAR) de Cuba. Cuando esa institución alentó a las instituciones del Estado a aplicar una política anticultural que luego ha venido a ser conocida como el «quinquenio gris» (1970-1975) Cirules fue designado director de una de las principales revistas del momento —*Revolución y Cultura*— que dirigió precisamente en ese nefasto periodo (1971-1975).[35]

Cuando colaboraba con el periódico de las FAR (*Bastión*) el escritor visitó Colombia en 1988[36] supuestamente en gira privada y regresó nuevamente en el verano de 1989 coincidiendo con el estallido en Cuba del escándalo por narcotráfico que ya se venía investigando desde el año anterior.

---

[34] El tema de la mafia sin duda promueve las ventas de libros. En particular en Estados Unidos existe una fascinación con sus gánsteres, que le garantiza el éxito a cualquier autor que ofrezca nuevas historias sobre ellos. Son parte inseparable del *pop culture* americano, según afirman escritores versados sobre el tema, como Robert Lacey y Scott M. Deitche.

[35] Ricardo L. Hernández, "La vida literaria en la Cuba actual: sus revistas", La Palabra y el Hombre, 1988, pp. 39-46.

[36] Enrique Cirules. *Op.cit,* Introducción, p. 9.

En ese segundo viaje, Cirules permaneció durante tres meses en Colombia, esta vez acompañado por su esposa.[37] A su regreso, *Bastión* le publicó una serie de artículos dominicales sobre el narcotráfico, orientados a demostrar de forma implícita que el flagelo del narcotráfico era mundial y el escándalo recién ocurrido en Cuba no constituía parte de un fenómeno estructural endémico del sistema cubano, como sí sucedía en otras latitudes.[38]

En 1991, como se ha mencionado anteriormente, el escritor cubano publicó cuatro artículos semanales sobre el tema en la revista *Bohemia* que fueron el preludio de sus libros posteriores (*El Imperio de La Habana*, en 1993, y *La Vida Secreta de Meyer Lansky en La Habana*, en 2004). En esas obras incorpora la figura del empresario Amadeo Barletta a sus narrativas sobre la presencia de la mafia en Cuba. La agresión a la dignidad de Amadeo Barletta fue en esta ocasión un daño colateral, no el objetivo central de los

---

[37] *Ibid.*

[38] En los Agradecimientos de su libro *El Imperio de La Habana*, Cirules afirma que fue Juan Agüero Gómez, entonces director de *Bastión,* quien en 1989, a su regreso de Colombia, le publicó los artículos mencionados, los cuales el autor cubano suscribió en esa ocasión con su esposa. Fue también Agüero, según narra Cirules en los citados Agradecimientos, quien lo alentó a escribir un libro sobre el tema de la mafia en Cuba en la era pre revolucionaria. *Ibid*, p. 355.

artículos. *Nothing personal,* diría el personaje central de Mario Puzo en *El Padrino.* El escritor cubano al parecer decidió en 1989 que podría disponer libremente del honor del empresario, fallecido en 1975, para construir libremente su fantasiosa trama sobre una República totalmente sometida por la mafia italoamericana de la que el General Fulgencio Batista era una suerte de ilustre empleado. En su narrativa Amadeo Barletta es presentado como el supuesto líder de una de las (inexistentes) cuatro familias mafiosas que a su juicio controlaban los destinos del país.

El autor de este artículo, sin embargo, no pudo encontrar una sola evidencia que en modo alguno inculpase a Amadeo Barletta y corroborase las pretendidas acusaciones en su contra después de realizar más de una decena de entrevistas, visitar numerosos archivos (además de desarrollar una intensa pesquisa de la documentación depositada en el propio Archivo Nacional de Cuba), revisar decenas de libros y analizar cientos de documentos originales en archivos oficiales y privados de Estados Unidos y República Dominicana.

En resumen: sometidas a escrutinio, las espectaculares afirmaciones de Enrique Cirules y de T. J. English sobre Amadeo Barletta demostraron carecer de toda base real.

Debilidades metodológicas
de Enrique Cirules

En los acápites anteriores se pasó revista a la falta de sustentación de las acusaciones lanzadas contra Amadeo Barletta en diferentes momentos. A continuación centraremos la atención en demostrar un conjunto de debilidades metodológicas que acompañan los trabajos de Enrique Cirules sobre el tema.

Examinemos las dos obras de Cirules referidas a las actividades de la mafia en Cuba, *El imperio de La Habana* y *La vida secreta de Meyer Lansky en La Habana: la Mafia en Cuba*. Ellas presentan un conjunto de dificultades entre las que se destacan las siguientes:

1. Deficiente manejo de las fuentes primarias como ocurre, particularmente, con su testigo estrella, el fallecido Jaime Casielles y el proponer interpretaciones arbitrariamente unívocas de hechos ambiguos.

En ningún momento Cirules tiene la deferencia de hacer un análisis de «crítica interna» sobre los testimonios ofrecidos —según él— por Jaime Casielles. El lector tiene derecho a esperar de Cirules que se formule preguntas respecto a su entrevistado, tales como: ¿Cuánto tiempo ha trascurrido desde el momento en que ocurrieron los hechos y qué capacidad de distorsión involuntaria pudiera tener Casielles al relatarlos? ¿Estaba

87

Casielles realmente en posición de saber o de ser testigo directo de todos y cada uno de los hechos que narra siendo un simple valet según su propia descripción? ¿Se sintió presionado / obligado / estimulado a dar cierta versión tendenciosa de los hechos y los personajes a Cirules porque sabía que eso es lo que se esperaba de él?

Cirules no somete a sus testigos a las preguntas clásicas del investigador: ¿Quién? ¿Qué? ¿Dónde? ¿Cuándo? ¿Por qué?

El historiador debe preguntarse acerca de su fuente un conjunto de preguntas: ¿Quién recogió la información? ¿Tuvo acceso de primera mano a los hechos? ¿Qué dijo de las cuestiones bajo investigación? ¿A qué distancia de los hechos se encontraba? ¿Qué dice el testimoniante acerca de los hechos y actores que se investigan? ¿Cuándo se registraron los testimonios sobre esos hechos? ¿Inmediatamente después o años más tarde? ¿Por qué la fuente está dispuesta a ofrecer su testimonio? ¿Tiene motivaciones que lo conduzcan a ser tendencioso en sus apreciaciones?

El modo en que fue procesado por Cirules el testimonio de Jaime Casielles —quien trabajó por varios meses en 1958 de valet de Meyer Lansky en Cuba—, es de especial interés a la hora de valorar sus tesis y, en particular, sus afirmaciones sobre Amadeo Barletta.

Basta con apuntar desde el inicio que resulta poco creíble que una persona tan extraordinariamente reservada como Meyer Lansky, le ofreciera acceso a información sensible de sus negocios a alguien a quien, como Jaime Casielles, había conocido un mes antes por medio de un tercero y apenas fungía como simple valet para su estancia en Cuba.

En el caso de las menciones que Casielles hace de Barletta no hay una sola que permita deducir una conexión de Amadeo Barletta con Lansky o con su entorno. No hay un solo testimonio de Casielles en los libros de Cirules donde el ex valet de Lansky diga que vio a Barletta abrazar al *gangster,* o que condujo a su empleador a reuniones con el empresario italiano, o que hubiese escuchado una conversación sobre sus negocios conjuntos. De hecho pueden interpretarse de manera inversa las únicas dos anécdotas que Casielles dijo recordar en relación con Barletta y que son citadas por Cirules.

Una de ellas fue el gesto de desaprobación de Lansky que Casielles «creyó» captar, cuando se le dijo que habían alquilado un apartamento en el edificio de la Ambar Motors, propiedad de Barletta, para poner una escuela de croupiers como parte del proceso inversionista en una actividad tan legal como lo era el juego en aquel momento.[39] La escuela, en efecto, estuvo en ese lugar —además de otra ubicada en el Edificio Odontológico durante pocos meses y funcionó sin incidentes. La

---

[39] Cirules. *Op. Cit,* p. 80.

aprobación de los inquilinos y el cobro de los locales alquilados no corrían a cargo de Amadeo Barletta, sino del sub administrador del edificio, Luis Allen.[40] En el edificio de Ambar Motors radicaban oficinas de la embajada de Canadá y de varias firmas de abogados de alta reputación. La seguridad del lugar no hubiera aconsejado alquilarles locales a elementos del hampa dedicados a ejercer allí actividades de naturaleza ilegal.[41]

La otra anécdota que Casielles le refiriera a Cirules tuvo lugar durante la inauguración del Hotel Habana Riviera, cuando recuerda haber visto llegar al magnate azucarero Julio Lobo junto a Amadeo Barletta, y Lobo se separó de Barletta para saludar brevemente a Lansky en el lobby. [42] El breve saludo entre Lobo y Meyer no tiene tampoco ningún significado obligadamente siniestro, pero el hecho es que lo único concreto que testifica Casielles es que Amadeo Barletta nunca llegó a acercarse ni a saludar a Lansky.

Apegado a su teoría, el escritor cubano asume que si Barletta esquivó a Lansky fue para ocultar

---

[40] Luis Allen, entrevista del autor, Coral Gables, Florida, 13 de diciembre de 2009.

[41] *Ibid.*

[42] Enrique Cirules. *La vida secreta de Meyer Lansky en La Habana: la Mafia en Cuba*, La Habana, Editorial de Ciencias Sociales, 2004, p. 140.

una relación con ese gánster, y no porque simplemente no existía vínculo alguno entre ellos. Si por otro lado a Lansky le desagradaba la idea de alquilar un local en la Ambar Motors, según Cirules se debió a que no quería «quemar» a Barletta, y no a que le pudiera desagradar el edificio, o a que considerara que hubiese sido preferible escoger un local contiguo al que ya tenían alquilado en las calles de 23 y L, en El Vedado, o incluso porque siendo judío[43] no le caía muy bien una persona que, como Amadeo, hubiese sido Cónsul de Italia durante parte del gobierno de Mussolini, quien, por cierto, aplastó sin contemplaciones a la mafia de Sicilia.[44]

El modo en que Cirules trata de interpretar y magnificar su versión de lo ocurrido en ambos casos es poco profesional para un historiador. Su

---

[43]   Lacey, *Op. Cit.* Para más información acerca de las actividades de Lansky contra los Nazis ver el Capítulo 7 "I will help you. It's Patriotism".

[44] Mussolini siempre fue enemigo de la mafia desde que en su primer viaje a Sicilia el capo de turno quiso hacer alarde de que solo él podría ofrecerle protección durante su visita. *Il Duce* lo tomó como una humillación y a su regreso a Roma declaró una exitosa guerra sin cuartel a los mafiosos, que estos no le perdonaron. Para más información ver: "Foreign News: Mafia Trial", *Time*, 24 de octubre de 1927; e "ITALY: Mafia Scotched", *Time*, 23 de enero de 1928.

enfoque se acerca más a las teorías conspirativas,[45] cuya máxima es que «si la realidad no coincide con la teoría, peor para la realidad».

Cirules hace pensar y hablar a los personajes históricos del modo que él ha decidido que sucedieron los hechos. Un ejemplo típico es lo ya referido cuando Casielles dice haber adivinado un gesto de desaprobación en Lansky al informársele del alquiler de un local en el edificio de la Ambar Motors para instalar una escuela de croupiers. El propio Casielles indica que no está del todo seguro, pero que le pareció que desaprobaba la idea, mientras Cirules prefiere dar por sentado que en efecto a Lansky le desagradó el hecho y supone que el motivo fue la necesidad de guardar aparente distancia de Barletta. [46]

2. Atribuye pruebas y datos a fuentes o personas, en demostración de sus aseveraciones, que no se refieren al asunto en las fuentes originales.

---

[45]   Michael Barkun, profesor de ciencias políticas de la Universidad de Siracusa, especializado en movimientos milenarios, la derecha radical y el terrorismo, considera que la esencia de las teorías conspirativas se fundamenta en la creencia de que las fuerzas del mal y elementos externos dominan la historia. Se basan en tres principios: Nada sucede por accidente; Nada es lo que parece ser; Todo está conectado. Michael Barkun. *A Culture of Conspiracy: Apocalyptic Visions in Contemporary America*, Berkeley y Los Angeles, California, University of California Press, 2006.

[46]   *Ibid.*

Cirules lanza aseveraciones que calza con citas de documentos cuyo contenido no respaldan lo que afirma. Ese es el caso, como se comentó anteriormente, de la cita que hace del libro *La Coletilla* para afirmar que Barletta era administrador de los bienes de la familia de Mussolini[47]. En realidad el autor de ese libro, Gregorio Ortega, refiere a su vez a sus lectores a la Resolución 3027, del 8 de marzo, del Ministerio de Recuperación de Bienes Malversados, donde cualquiera que la revise puede verificar que no hay ninguna referencia a vínculo alguno de Barletta con la mafia o la familia de Mussolini. [48]

3. Mezcla opiniones personales con citas de testimonios en su narración.

Enrique Cirules emplea el testimonio de Jaime Casielles para calzar sus teorías sobre las actividades de la mafia en Cuba, pero, aunque es su principal «testigo de cargo», no se molesta en entrecomillar sus frases, para separarlas con nitidez de las aseveraciones que el escritor agrega, lo cual genera imprecisiones que alimentan la confusión de sus lectores.

---

[47]   Es, por cierto, un hecho conocido que la familia vivía con escasos recursos financieros después de la muerte del *Duce*.

[48]   Gregorio Ortega, *La Coletilla*, La Habana: Editorial Política, 1989, pp. 168-169.

4. Ausencia de enfoque hermenéutico que contextualice las acciones y actitudes de los protagonistas para su correcta interpretación.

Conceptos como «lavado de dinero», «familias mafiosas», «piramidación» y otros empleados por Cirules, al ser utilizados en un contexto ajeno al que surgieron, introducen confusiones y distorsionan los hechos que tuvieron lugar en la realidad de los años 50 del pasado siglo.

Hay que decir que la pretensión de que los casinos de Lansky necesitaban «lavar» sus ganancias es absurda. Aquí nuevamente se usa un término («lavado de dinero») que no tiene conexión alguna con la realidad cubana de los años 50 en lo referido a las actividades vinculadas al juego de Meyer Lansky, Santo Trafficante Jr., o Amleto Battisti.[49]

---

[49] El Consulado de Estados Unidos en La Habana realizó una investigación sobre este sujeto entre diciembre de 1941 y abril de 1942 y con la información recopilada elaboró un informe con siete folios de todos los antecedentes y actividades de Amleto Battisti y Lora desde su nacimiento en Salto, Uruguay, el 9 de septiembre de 1893. Amleto Battisti controlaba el juego de bolita, el Oriental Park donde se desarrollaban las carreras de caballos, el Casino Nacional, el Hotel Sevilla, tenía un periódico y acciones en otro en su variado portafolio de inversiones. El informe va dirigido al Secretario de Estado en Washington, está fechado el 15 de abril de 1942 y firmado por el Cónsul General Harold S. Tewell. No hay en él mención alguna a Amadeo Barletta. (Tewell Harold S. Tewell, *Information Concerning Mr. Amleto Battisti, Habana, Cuba.*

Lavar dinero —como explicaron a este autor tres grandes especialistas en la mafia, Lacey, Deitche y Sáenz— significa borrar el origen ilegal del capital. Al ser el juego una actividad legal y pública en la Cuba pre revolucionaria no había necesidad alguna de «lavar» su origen.

Tampoco necesitaban del Banco Atlántico de Barletta para transferirlo, ya que Amleto Battisti tenía su propio banco[50] para apoyar las actividades relacionadas con el juego (no para «lavarlo» lo cual era innecesario). Además, si deseaban evadir impuestos en EEUU declarando ingresos inferiores a los reales al IRS, el mejor sistema era el que se usaba entonces: maletas cargadas de dinero en efectivo que eran trasportadas personalmente a Miami, Suiza u otros lugares para ser depositadas no en cuentas bancarias sino en cajas de seguridad, en una época en que las aduanas no imponían un límite al monto del efectivo que podían portar los pasajeros. En diversas audiencias del Congreso de EEUU, gánsteres de esa nación testificaron que ése

---

File 865.20210 Battisti, Amleto/3. American Consulate General, 15 de abril 1942).

[50] "Banco de Crédito e Inversiones" en *Los propietarios de Cuba 1958*, Guillermo Jiménez, Referencias a Battisti Lora, Amleto, p. 75.

era el método usado con las ganancias que obtenían de los casinos en Cuba.[51]

Por otro lado, como afirma el historiador colombiano Sáenz Rovner[52] el tráfico de narcóticos a través de Cuba (donde el consumo era mínimo) era una actividad reservada a grupos reducidos de criminales de origen principalmente europeo —no a la mafia italoamericana—, ya que las ganancias eran menores que las reportadas por el juego que era una actividad legal, razón por la cual quien podía dedicarse a los casinos no se mezclaba en negocios ilegales que pusieran en peligro la «gallina de los huevos de oro». Según explica Sáenz Rovner:

Como lo demuestran los documentos de las archivos cubanos y norteamericanos, la mafia concentró sus negocios en Cuba principalmente en los casinos y la industria turística, no como el escritor cubano Enrique Cirules ha afirmado, en el tráfico de drogas.[53]

---

[51] Michael Woodiwiss. "Transnational Organized Crime: The Stran-ge Career of an American Concept", en *Critical Reflections on Transnational Organized Crime, Money Laundering, and Corruption.* ed. Margaret E. Beare, Toronto: University of Toronto Press, 2003.

[52] Eduardo Sáenz Rovner. *The Cuban Connection*, Chapel Hill, The University of North Carolina Press, 2008 [Traducido por Russ Davidson].

[53] *Ibid.* p. 7 - 8.

Como se ha explicado, el Banco Atlántico fue inspeccionado en tres ocasiones —una vez al año, que era lo establecido por la ley para cualquier entidad bancaria— y nunca fue sancionado o intervenido por manejos turbios. Quien, como Enrique Cirules, desconfíe de la calidad u honestidad de esas inspecciones debiera proveer alguna explicación al hecho de que el Trust Company of Cuba —reconocido como una de las entidades bancarias más eficaces y poderosas de todo el mundo en aquel momento— adquiriese el Banco Atlántico, después de someterlo —como corresponde antes de una adquisición— a detallado escrutinio.

Una observación de un inspector bancario, sobre la necesidad de «vigilar de cerca»[54] al Banco Atlántico es distorsionada por Cirules quien le otorga una sombría connotación policiaca, siendo el propio inspector quien explica la razón de su observación: «en lo que a su política de crédito se refiere, pues es bien conocido que sus Directores, con ligeras excepciones, son personas dadas a los negocios audaces».[55] La Ley 13 de 1948[56] ralentizaba

---

[54] Sergio Valdés Rodríguez, Memorándum al Comité de Inspección Bancaria: Dr. J. Martínez Sáenz, Sr. Bernardo Figueredo, Sr. Oswaldo Saura. Re: Banco Atlántico S.A. Inspección de diciembre 9, 1952. 11 de marzo 1953. Fondo del Banco Nacional de Cuba. Archivo Nacional de Cuba.

[55] *Ibid.*

los procesos inversionistas porque prefería asegurar que en todo momento los bancos contasen con suficiente liquidez, por si se enfrentaba una crisis repentina como la sucedida en 1929. El inspector temía que la audacia inversionista de Barletta —quien tenía una educación básica y era banquero con plenos poderes de decisión sin ser economista graduado— lo indujera a arriesgar más capital que el permitido por ley en un momento dado.

La palabra «piramidación»[57], usada en la nota de un inspector sobre las empresas asociadas al Banco Atlántico, no tiene la connotación actual. En el presente se emplea para describir los esquemas empleados por un timador como Bernard Madoff. Dicha nota es, en realidad, la única donde aparece ese término, entre varios centenares de hojas con los informes de las auditorías realizadas a esa entidad. En realidad, el auditor se refiere a que en el Banco Atlántico se ingresaban fondos de las empresas filiales y luego, sin alterar los principios bancarios, se reinvertían la mayor parte de dichos capitales para ampliar sus negocios, algo ensayado

---

[56] Joaquín Martínez Sáenz, *Por la independencia económica de Cuba. Mi gestion en el Banco Nacional,* La Habana, Editorial Cenit S.A., 1959.

[57] Miguel Termes. Memorándum al Comité de Inspección Bancaria. Dr. Felipe Pazos, Dr. J.A. Guerra, Sr. O. Saura. RE: Compañías afiliadas y tenedoras afiliadas del Banco Atlántico S.A. Fondo del Banco Nacional de Cuba, La Habana, Archivo Nacional de Cuba.

por la General Motors en sus empresas, pero novedoso en Cuba.[58]

Lo cierto es que esos mismos inspectores indicaron en la tercera y última auditoría[59] realizada a esa entidad bancaria su conformidad con el modo en que se venían superando las debilidades administrativas que antes se le habían señalado.[60] Esa última auditoría extendió una calificación de «sana» en política de créditos, «normal» en solvencia, «amplio» el capital de reserva y previsión, y no evaluó ninguna de las categorías analizadas con las calificaciones negativas del

---

[58] Alfred P. Sloan Jr. *My years with General Motors*, New York: Doubleday, 1963; Allyn Freeman. *The leadership genius of Alfred P. Sloan*, New York, McGraw-Hill, 2005.

[59] Jorge M. Portal, Memorándum al Comité de Inspección Bancaria: Sres. J. Martínez Sáenz, Bernardo Figueredo y S. Valdés Rodríguez. Resumen del Informe de Inspección al Banco Atlántico, S.A, 8 de diciembre de 1953. 9 de febrero de 1954. Fondo del Banco Nacional de Cuba. Archivo Nacional de Cuba.

[60] Cirules, apegado a su perspectiva de una república totalmente corrupta y sin división de poderes, supone que cualquier falta que los inspectores del Banco Nacional encontrasen a una institución financiera propiedad de Barletta se resolvía con unas «palmaditas en la espalda». La realidad era muy diferente. Tanto el Banco Nacional como su presidente el doctor Martínez Sáenz, eran muy profesionales y exigentes con su labor como han atestiguado historiadores cubanos especializados en ese tema.

formulario: «peligroso, sub-normal, inaceptable o insuficiente».

Cirules *versus* la República de Cuba

Podría recurrirse a la fácil acción de descartar profesionalmente a este autor quien, por propia confesión, no es un historiador. Pero aunque no sea historiador, debe tomársele en serio y exigírsele el rigor que debe tener cualquiera que incursione en este campo, por respeto a sus lectores.

Comenzaré entonces por coincidir plenamente con el distinguido historiador y experto colombiano Eduardo Sáenz Rovner cuando afirmó en su libro *The Cuban Connection* (2008):

> ... *(los) trabajos recientes publicados en Cuba sobre el narcotráfico, como los estudios de Enrique Cirules y Francisco Arias Fernández, presentan la isla antes de 1959 como un santuario de la corrupción oficial alimentada por el narcotráfico, al tiempo que aseguran que Batista apoyaba personalmente a los narcotraficantes. No obstante, no hay evidencia empírica que permita sostener la noción de que Batista ofreció semejante apoyo en los años cincuenta (....) los escritos de Cirules están llenos de afirmaciones y argumentos referidos al narcotráfico y los narcóticos que carecen de cualquier evidencia*

empírica y se derivan en última instancia de juicios políticos subjetivos. [61]

La razón que motiva la superficialidad metodológica de esos y otros estudios históricos no está relacionada siempre con el bajo nivel profesional de sus productores. Son las exigencias político-ideológicas que norman la labor propagandística de la historiografía cubana las que favorecen esa literatura. Como ha observado el historiador Louis Pérez al referirse a este tipo de trabajos, «la política pública y las construcciones históricas se funden en la medida en que La Habana procura deliberadamente desacreditar el pasado prerrevolucionario».[62] El autor de esta investigación coincide también con ese criterio de Pérez.

En este artículo no se pretende refutar la tesis general de Cirules contra el periodo republicano de 1933-1958. No porque no sea cuestionable, sino porque abordar esa amplia temática excede el propósito de este trabajo. Ese tema merece un tratamiento diferenciado. Basta decir que la pretensión de que ha aportado un nuevo paradigma

---

[61] Sáenz Rovner. *Op. Ct*, pp. 10 - 12. [Traducción del autor].

[62] Louis A. Perez. *Essays on Cuban History: Historiography and Research*, Gainesville, Florida, University Press of Florida, 1995, p. 147.

interpretativo con sus «hallazgos»,[63] que obliga a una revisión completa de todo lo escrito anteriormente, es realmente tan pretenciosa como desacertada. La idea de que la inequitativa pero extraordinariamente próspera economía cubana de la década de los años 40 y 50 del pasado siglo la sustentaban los casinos habaneros —que hoy cabrían todos en un estrecho callejón de Las Vegas, Atlantic City o incluso Santo Domingo— es digna de un análisis que rebasa este escrito.

El tráfico y consumo de narcóticos en Cuba fue muy limitado y estuvo controlado principalmente por europeos. El juego, lícito y lucrativo, en el que estuvieron parcialmente involucrados, además de cubanos, algunos mafiosos estadounidenses, tuvo un peso insignificante en la economía cubana de 1958.

Según informa el clásico libro del eminente geógrafo e historiador Leví Marrero, *Geografía de*

---

[63] Luis Hernández Serrano, "Enrique Cirules: Mis libros no se pueden plagiar impunemente", *Juventud Rebelde*, La Habana. 13 de marzo 2010.

http://www.juventudrebelde.cu/cuba/2010-03-13/enrique-cirules-mis-libros-no-se-pueden-plagiar-impunemente/
[Visitado: 15 de marzo 2010]

Luis Hernández Serrano, "Entre la mafia y el plagio". *Juventud Rebelde*, La Habana 10 de febrero 2010. http://www.juventudrebelde.cu/cuba/2010-02-11/entre-la-mafia-y-el-plagio/ [Visitado: 15 de marzo 2010]

Cuba, en 1953 la producción industrial no azucarera ya excedía a esta última. En 1958, por otro lado, 121 de los 161 centrales azucareros existentes eran propiedad de cubanos. En ese año la inversión total de capital de EEUU en Cuba fue de 861 millones, apenas un 14% de los 6,000 millones del total invertido. También en 1958 los bancos cubanos llegaron ya a controlar el 60% de todos los depósitos.[64]

La segunda cuestión que salta a la vista es que, a diferencia de los ataques contra Barletta de 1960 y 1971, esta vez las acusaciones no están dirigidas exclusivamente contra ese empresario, sino contra toda la sociedad prerrevolucionaria, entre 1933 y 1958. El año escogido por Cirules, 1933, como hiato para indicar el ascenso de un «Estado de corte delictivo», coincide con el momento en que irrumpe la figura del sargento Fulgencio Batista y Zaldívar en la historia de Cuba.

La tesis central que Enrique Cirules se propone demostrar en sus dos libros sobre el tema de las actividades de la mafia en Cuba, según sus propias palabras, es la siguiente:

---

[64] Grupo Cubano de Investigaciones Económicas de University of Miami bajo la dirección de José R. Álvarez Díaz, Un estudio sobre Cuba; colonia, república, experimento socialista: estructura económica, desarrollo institucional, socialismo y regresión, Miami: University of Miami Press, 1963.

La existencia en Cuba, antes de la Revolución, de una trilogía del poder real: grupos financieros-mafia-servicios especiales estadounidenses, que, voraces, establecieron en nuestra patria un Estado de corte delictivo, plegado a los intereses del clan Habana-Las Vegas. [65]

Según Cirules, sus «descubrimientos» en este campo han dado pie a «... una nueva comprensión de esa época, muy sensible a las relaciones entre Cuba y los Estados Unidos; y por extensión, a sus consecuencias hasta hoy. Y el viraje que significó la publicación de *El imperio de La Habana* en 1993, en los análisis históricos de los 25 años que antecedieron al triunfo de la Revolución Cubana».[66]

En otras palabras, el autor se propuso demostrar con sus dos libros que el Estado cubano que existió en Cuba en los 25 años previos a 1959 — *ie*, desde 1933— estaba controlado por la mafia siciliano-americana en alianza con los servicios de inteligencia de EEUU y los políticos locales. Sería desacertado al entender de este autor y a la luz de lo ya expuesto, que los académicos se hicieran eco de sus tesis sin someterlas a crítica y reinterpretaran la historia de Cuba, desde 1933, a la luz de sus pretendidos hallazgos.

---

[65] Hernández Serrano *Op. Cit.*

[66] *Ibid.*

Visto desde la perspectiva de Cirules, —que es la oficial del Estado cubano— el escándalo por narcotráfico en 1989 fue *peccata minuta*. Un accidente menor en la trayectoria supuestamente inmaculada de la revolución que, según Cirules, supo «resolver» el problema rápidamente. Ese era el mensaje de sus libros. Ese fue, aparentemente, el mensaje que deseaban difundir quienes lo alentaron desde las estructuras del Estado cubano para que los escribiese y apoyaron la diseminación de su obra. El modo en que se comportaron los mecanismos de multiplicación de su mensaje para constituir una bola de nieve con rasgos de marketing viral, es el típico usado por las campañas de propaganda oficial hacia el exterior.

Fusilamientos de la reputación *on-line*

Hay cuestiones singulares que resaltan en las acusaciones contra Barletta posteriores al escándalo por narcotráfico que involucró al estado cubano en 1989.

Una de ellas es que se diseminan empleando múltiples canales mediáticos, en especial periódicos e Internet, que se nutren de materiales con pretensiones académicas, como los libros de Cirules.

Dado el control que el Estado cubano ejerce sobre las publicaciones y casas editoriales, premios literarios y acceso a la prensa así como las circunstancias restrictivas en que discurre la producción intelectual en la isla, siempre llama la atención cuando todas esas instituciones favorecen a un autor y coinciden en diseminar su obra. No se dice con ello que todos los que reciben ese beneficio sean sospechosos de servir de manera directa los intereses del Estado. Hay académicos y escritores que han producido obras de excepcional e indiscutible valor por las que han recibido muy merecidas distinciones, pero cuya temática no los obliga a trasgredir las verdades sagradas de la ideología oficial. Las autoridades los denominan «temas nobles», los cuales esquivan toda zona de conflicto interpretativo con el gobierno de la isla. Pero cuando el tema es netamente político, toca asuntos de importancia para el gobierno cubano y recibe una exposición desmesurada por los medios oficiales hay razones para pensar que el hecho no es casual dadas las circunstancias de la producción intelectual en la Isla.

El estudio del comportamiento de la promoción de las obras de Cirules muestra que aquel siguió la clásica fórmula de construir anillos concéntricos multiplicadores del mensaje que emplean en Cuba las campañas de propaganda oficial.

En este caso, el primer anillo se nutre de la obra de Cirules, la cual es amplificada con «premios» nacionales que instituciones del Estado cubano le otorgan a su obra. A ello se suman las menciones favorables de periodistas y críticos literarios de la prensa oficial, así como comentarios laudatorios de funcionarios estatales del sector cultural y desde sitios en Internet controlados por el gobierno.

El segundo anillo lo constituyen los «compañeros de viaje ideológicos» o *fellow travellers* (extranjeros, periodistas, críticos literarios, académicos, políticos, artistas) que son simpatizantes del gobierno cubano en diversos países y se hacen eco —muchas veces por propia iniciativa y otras respondiendo a alguna solicitud o sugerencia de La Habana— de los criterios que emite el primer anillo. Ellos, por su condición de extranjeros residentes en países democráticos, le otorgan una mayor credibilidad al mensaje.

El tercer anillo corona este esfuerzo cuando los supuestos de la campaña son asumidos   por personas fuera del control e influencia del gobierno cubano, quienes han creído honestamente el mensaje y comienzan espontáneamente a repetirlo y a multiplicar su alcance.[67]

---

[67] Ese parece haber sido el caso del escritor *free lance* T.J. English, quien asume de manera acrítica, en su libro *Havana Nocturne*, las tesis de Cirules pero no parece por ello estar respondiendo de forma «orgánica» a la campaña auspiciada por el gobierno cubano en torno a ellas. En la medida en que era un exponente de ese tercer anillo de incautos nadie protestó

Un análisis de la presencia de la obra de Cirules en los medios nacionales e internacionales de comunicación muestra que el gobierno cubano ha logrado constituir y fomentar estos tres anillos exitosamente para promoverla.

Conclusiones

La presente investigación no pudo encontrar asidero a las afirmaciones negativas que se hacen sobre Amadeo Barletta. El autor decidió no formular ninguna hipótesis preliminar que pudiera contaminar el ejercicio de búsqueda, recolección y procesamiento de información que lo desviara en

---

en La Habana por su libro. En realidad, su publicación por una instancia ajena a los promotores de esta intencional desacreditación de Amadeo Barletta y de la sociedad republicana en general, era un indicio del éxito que venían logrando. Sin embargo, luego decidieron súbitamente desacreditar a English por supuesto plagio a Cirules. Es algo irónico, porque lo que procuran estas campañas de *character assassination* es precisamente la repetición mecánica e irreflexiva del mensaje difamatorio. Cuando English fue confrontado por el autor de esta investigación con la ausencia de evidencias contra Amadeo Barletta o incluso de toda mención de su nombre en algunos de los documentos y testimonios citados por él y por Cirules, respondió con evasivas y hasta el presente no ha facilitado ninguna evidencia o concedido la entrevista que se le solicitó. El autor conserva esos mensajes cruzados con English.

una dirección u otra. Durante el transcurso de la investigación se mantuvo el objetivo de corroborar, en lugar de intentar rechazar *a priori*, las acusaciones vertidas contra Barletta, mediante la búsqueda de los documentos en los cuales se dice están sustentadas las imputaciones que se le hacen.

La investigación condujo a las siguientes conclusiones:

1. Desde el inicio mismo del proceso revolucionario de 1959, las campañas de difamación concertadas oficialmente jugaron un papel destacado para descalificar a adversarios y legitimar acciones de diverso tipo contra ellos. En el caso de los empresarios, e incluso del mercado como mecanismo generador de riquezas, estas campañas de descrédito continuaron hasta la total expropiación de los bienes, no sólo de los grandes magnates, sino de todos los trabajadores por cuenta propia. Las acusaciones esgrimidas desde un inicio contra los grandes empresarios para expropiarlos fueron, como regla general, parte de una campaña general de asesinato de la reputación contra ese sector, llevada a cabo por todos los medios controlados por el Estado, para comenzar el proceso de desmontaje gradual de todo empresario grande,

mediano o pequeño y del mercado que alcanzó la cima en marzo de 1968.

2. Hay que diferenciar entre la pluralidad de enfoques de los historiadores —que en su faena parten de diferentes ideologías y paradigmas interpretativos— de aquellas falsedades deliberadamente generadas y diseminadas por el aparato de propaganda estatal. Entre estas últimas, el asesinato de la reputación de la época republicana, de sus instituciones y personalidades más descollantes, ha sido una permanente tarea del Estado cubano durante medio siglo. La aseveración de que la historia republicana estuvo bajo el control de la mafia es una construcción ideológica. Si bien es posible reconstruir la historia de la presencia de destacados elementos de la mafia internacional en Cuba, no es posible reducir la historia de Cuba a la historia de la mafia en ella. Tampoco es real que los «males» fueron importados. El juego como un problema social existía desde tiempos de la colonia y el gansterismo en Cuba estuvo asociado al uso de la violencia en la política nacional en primerísimo lugar.

3. No es posible afirmar la existencia de «familias mafiosas» en Cuba. Robert

Lacey, biógrafo de Meyer Lansky, me explicó (enero 9, 2010) que encontró muchas evidencias del involucramiento de Lansky y el de otros estadounidenses en la operación de casinos en La Habana durante la década de los cincuenta «pero nada que justifique el uso del término *familias mafiosas* que sugiere violencia, intimidación y asesinato. La razón de que Batista diera la bienvenida a Lansky y otros era que ellos (en Cuba) no utilizaban esas técnicas».

Teniendo presente la observación de Lacey puede decirse que el uso del concepto de *familias mafiosas* se ajusta mucho mejor al tipo de gangsterismo político que proliferaba en Cuba en la década del cuarenta. Los continuos atentados personales y batallas campales entre grupos rivales —como la conocida por «Los Sucesos de Orfila», ocurrida en La Habana el 15 de septiembre de 1947— alcanzaron tal nivel de gravedad que el presidente Carlos Prío aprobó en 1948 una Ley Contra el Gangsterismo. El tema del pandillerismo político en Cuba rebasa el alcance de este trabajo, pero esa modalidad de gansterismo tuvo una mayor relevancia e influencia en la historia de la isla que el considerable pero limitado impacto económico de las actividades de mafiosos vinculados al turismo y el juego.

4. Los ataques específicos contra Amadeo Barletta presentan todos los rasgos del modo torcido e indirecto en que se construyen las difamaciones oficiales. Su trayectoria empresarial, sin embargo, lejos de estar asociada a actividades o fuentes financieras cuestionables, muestra un ejemplo excepcional de tenacidad, laboriosidad, innovación y previsión, que bien puede servir de inspiración a otros empresarios e inmigrantes. Pocas personas enfrentan cinco grandes reveses a lo largo de su existencia y son capaces de recuperarse, sin que el desánimo o el rencor los paralice.

Barletta perdió casi todo su capital y supo levantarlo nuevamente cuando en 1930 el huracán San Zenón azotó la República Dominicana. Después, en 1935, Trujillo intervino sus empresas cuando lo detuvo y torturó por varias semanas. En 1941, en Cuba, Batista confiscó parte de sus propiedades, algunas de las cuales nunca llegó a devolver al terminar la II Guerra Mundial pese a que los tribunales fallaron a favor del empresario. En 1960 Fidel Castro volvió a expropiarlo y Barletta, de nuevo, tuvo que marchar al exilio. A la muerte de Trujillo pudo regresar a República Dominicana, donde una vez más levantó el capital y luego, la guerra civil en República Dominicana afectó sensiblemente sus empresas en 1965. Podría decirse que la suerte es un factor que en parte permitió esos éxitos, pero cuando el «milagro» se produce cinco veces hay que buscar sus causas en las condiciones personales de alguien que prefería usar su tiempo de forma productiva en lugar de emplearlo para llorar u odiar. Toda su energía creativa y talento autodidacta los canalizó en superar cada adversidad y seguir avanzando.[68]

---

[68] El periodista Don Bohning, a quien Barletta le concedió una entrevista, comenta que el empresario a los 74 años se mantenía activo en los negocios. Barletta reconoce ante Bohning que los negocios son su pasatiempo. «Para mí el domingo es el peor día de la semana porque no hay nada que hacer», dice. Al refle-xionar sobre las dificultades que ha tenido en su vida, afirma sin rencor: «He tenido mis problemas y he tenido mis éxitos y no los cambiaría por nada en el mundo. Me han traído mucha satisfacción». (Don Bohning, "He Licks Trouble Every Time", *The Miami Herald*, 14 de abril 1968, p. 4B)

En sus empresas se llevaron a cabo notables innovaciones periodísticas y tecnológicas y demostró siempre tener la sagacidad estratégica de los grandes visionarios industriales de su época. Valga recordar además que el periódico *El Mundo* fue el único que recibiera un homenaje y reconocimiento oficial del Congreso de la República de Cuba.[69]

Es inescrupuloso negar la proeza humana de Amadeo Barletta, ocultar sus contribuciones a la economía nacional y reducir todo a una morbosa y fraudulenta explicación sobre vínculos mafiosos inexistentes.

5. Los ataques del gobierno cubano a la reputación de Amadeo Barletta se produjeron en tres momentos diferentes (1960, 1971 y desde 1991 hasta la fecha) y responden a campañas que perseguían objetivos diversos.

En 1960 se deseaba justificar la intervención de sus propiedades, en especial respondían a la ansiedad gubernamental por apropiarse de su imperio mediático, cuando ya despegaba la guerra civil que se

---

[69] "Honrará hoy la Cámara en sesión especial la rectitud de El Mundo", *El Mundo*, 8 de noviembre de 1951

internacionalizó con la participación de la URSS y EEUU. El falso argumento empleado en aquel instante fue que Barletta se había beneficiado de relaciones privilegiadas con Batista e incluso con Trujillo.

En 1971 se deseaba desacreditar a la familia Barletta —padre e hijo— para así ripostar la condena del gobierno cubano que la Sociedad Interamericana de Prensa había hecho a instancias de Amadeo Barletta Jr.

Después del escándalo por narcotráfico de 1989 la figura de Barletta se incluye en una fantasiosa trama construida por un escritor cubano cuya obra ha sido promovida por la máquina de propaganda oficial. Esa narrativa pretende demostrar que la historia de Cuba desde inicios de la década de los años 30 hasta 1959 obedeció al control que de su economía y política ejercía la mafia italoamericana y las ganancias generadas por sus actividades criminales. Hay razones para pensar que el objetivo inmediato de esta tercera campaña era disminuir ante la opinión pública nacional e internacional, el impacto del escándalo por narcotráfico en que se vieron involucrados algunos de los principales dirigentes y oficiales del gobierno cubano ese año.

6. La historia del *character assassination* contra Amadeo Barletta adquiere renovada vigencia en las actuales circunstancias de Cuba.

Tanto en 1991 como de nuevo sucede en 2011, la coyuntura por la que atraviesa el régimen cubano es muy crítica. La intensificación de sus esfuerzos por deslegitimar el pasado está asociada a su renovada necesidad de legitimar el presente.

Sin embargo, el gobierno de La Habana, que hoy pretende recurrir a la iniciativa privada para sortear la bancarrota de la economía nacional y el inminente desempleo de alrededor del 25% de la fuerza laboral, no ha presentado excusas por los abusos antes cometidos contra el sector empresarial grande, mediano o pequeño.

La reconstrucción nacional no constituye solo un reto económico, sino también incluye la de nuestra memoria histórica. Debemos aspirar a una situación en que juntos trabajemos por establecer los hechos de manera fidedigna, aunque luego nos dividamos sobre el significado que deseamos atribuirles.

La pluralidad interpretativa no es una debilidad, sino una contribución a la formulación de las diversas opciones sobre las que tendrá que pronunciarse en su momento, de modo independiente y soberano, el pueblo de Cuba.

La primera empresa de Amadeo Barletta fue la Santo Domingo Motors Company, creada el 12 de septiembre de 1920 con crédito bancario. Su suegro le advirtió que no había más de 10 posibles compradores de autos en Santo Domingo. «Tenía razón. Sólo vendí tres autos el primer año» afirmó Amadeo en una entrevista, pero cuatro años más tarde la Santo Domingo Motors tenía un nivel de ganancias que le permitió abrir su segunda empresa: Dominican Tobacco and Co. Siempre fue política de Amadeo Barletta reinvertir los dividendos en el país en que residía.

Santo Domingo Motors, cerca de su décimo aniversario en la calle Presidente Vásquez. 1929.

Santo Domingo Motors después de las devastaciones del huracán San Zenón. 1930.

IL PRESIDENTE
DELLA REPVBBLICA ITALIANA

PRESIDENTE DELL'ORDINE DELLA STELLA DELLA SOLIDARIETA ITALIANA

Título de la Estrella de la Solidaridad Italiana
otorgado a Amadeo Barletta el 18 de noviembre de 1952
por contribuir a la reconstrucción de Italia. Expediente
No. 16, el No. 15 correspondió a Winston Churchill.

Amadeo Barletta, fundador de la Santo Domingo Motors Company, recibe del gerente director de la General Motors Overseas D. Corporation, Gregory Mc Nab, un reloj enchapado en oro, con motivo de cumplir la empresa dominicana medio siglo de servicio. A la izquierda, el presidente de la República Dominicana, doctor Joaquín Balaguer, quien asistió a los festejos del aniversario.

El titular mezcla una verdad con otra mentira. Barletta fue cónsul de Italia durante parte del gobierno de Mussolini pero jamás tuvo relación alguna con el régimen de Trujillo. De hecho ambos fueron enemigos incluso antes de que el dictador dominicano diese el golpe de estado que lo llevó al poder. Desde el inicio mismo del proceso revolucionario de 1959, las campañas de difamación jugaron un papel destacado para legitimar acciones de diverso tipo contra aquellos que se consideraban sus adversarios. En el caso de los empresarios, e incluso del mercado como mecanismo generador de riquezas de la economía, estas campañas de descrédito continuaron hasta la total expropiación de los bienes, no sólo de los grandes magnates, sino de todos los trabajadores por cuenta propia en 1968.

Refuta Amadeo Barletta las acusaciones que se le hacen

Asegura que no ha sido beneficiario de la dictadura. Exposición sobre sus negocios

El señor Amadeo Barletta nos remite, para su publicación, las declaraciones que seguidamente reproducimos y en las cuales refuta imputaciones que públicamente se le han hecho, con motivo de haber sido dispuesta la confiscación de sus bienes por el Ministerio de Recuperación de Bienes.

Se nos ha comunicado que la nueva dirección del periódico "El Mundo" rehusó dar cabida en sus páginas a las declaraciones del señor Barletta, quien había solicitado allí su publicación.

Las declaraciones del señor Barletta dicen textualmente:

Siendo mi nombre lo único que nadie me puede quitar y lo que con toda seguridad y orgullo puedo legar a mis hijos y nietos, vengo por este medio a negar las calumnias de que he sido objeto por diversos órganos de publicidad:

Sin perjuicio de la acción legal encaminada a diafanizar ante el Ministerio de Recuperación de Bienes Malversados y demás autoridades revolucionarias competentes los extremos que están interesados en investigar, y respecto a los cuales tengo mi conciencia tranquila.

El Ministerio de Recuperación de Bienes ha dispuesto la intervención de algunas empresas, —varias de las cuales presido y otras de las que formo parte—, para investigar extremos que se señalan en la Resolución dictada.

El periódico "Revolución" así como otros diarios, han publicado informaciones en las que se comentan, como hechos probados, supuestas vinculaciones mías de negocios con la tiranía de Batista.

También en una de esas informaciones se ha señalado el hecho incierto de que yo trataba de cerrar mis negocios en Cuba, cosa completamente falsa.

Supuestas vinculaciones con la tiranía

Lo primero que quiero desvirtuar es la afirmación de que he sido beneficiario de la dictadura. Ninguna de las empresas que presido o integro se ha levantado al amparo del Poder. Para ninguna de ellas he tenido, como era lo usual, en quienes mantenían esos vínculos que a mí atribuyen, financiamientos del BANDES, BANFAIC, FHA, Financiera Nacional ni otro organismo similar del Estado.

No he tenido socios ni he sido socio de ninguno de los personeros de la pasada dictadura en mis negocios. Todas mis empresas han constituido permanentes fuentes de trabajo. Queda, pues, como afirmación absolutamente falsa, mis vínculos con la dictadura.

Contrariamente a esto, en las dos empresas periodísticas en las cuales estoy interesado directamente, como uno de los propietarios o como acreedor y apoderado, tuvieron amplia acogida durante los años del régimen de Batista, destacadas figuras en el campo de la Revolución, las que actuaron con mi asentimiento personal a entera libertad. Esas figuras hoy ocupan pro-

(Finaliza en la pág. 4-B, Col. 3)

Pide Nasser la comunistas de

Atacó en Damasco a los la RAU. Anuncia Kassem

DAMASCO, febrero 23 (AP). —El presidente Nasser atacó duramente dos veces a los comunistas árabes y dijo que los otros países árabes "los expulsarán" tal como lo hizo la República Árabe Unida.

Este fue el ataque más fuerte de Nasser contra "aquellos viles enemigos de la nación árabe" desde que inició su actual gira a Siria, hace 12 días.

Su ataque se produjo en dos discursos consecutivos pronun-

Atrapados 106 hombres en una mina de carbón

Ocurrió el accidente en Alemania Oriental

El 22 de febrero de 1960 se anuncia en la prensa cubana la confiscación de los bienes a 155 personas; un total de 40 empresas. Barletta se entera por la prensa de que sus empresas están incluidas en ese listado. Dos días más tarde refuta las acusaciones que le han hecho en la prensa. Su declaración es publicada en el *Diario La Marina*, porque el periódico *El Mundo*, de su propiedad pero ya puesto bajo control de personas asociadas al nuevo gobierno, se niega a publicarlo.

La declaración de Barletta comienza diciendo:

> *Siendo mi nombre lo único que nadie me puede quitar y lo que con toda seguridad y orgullo puedo legar a mis hijos y niegos, vengo por este medio a negar las calumnias de que he sido objeto por diversos órganos de publicidad.*

Operación Verdad.
Entrevista de Yoani Sánchez
a Eliécer Ávila

Febrero 11, 2013[70]
Disponible en YouTube
http://youtu.be/bYbgwMwJa-o

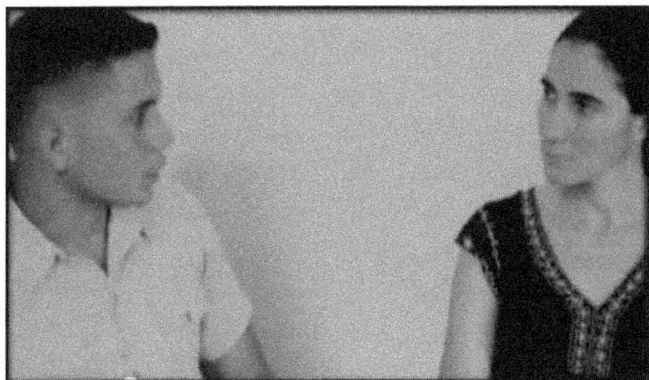

Yoani Sánchez: Es un placer estar con ustedes y compartir esta entrevista con Eliécer Ávila.

---

[70] Transcripción realizada por Eriginal Books. Dada la baja calidad del audio el nivel de precisión en la transcripción es de un 99%. Hay unas pocas palabras y frases que no pudieron identificarse.

Eliécer es ingeniero en Ciencias Informáticas, pero en los últimos años ha sido fundamentalmente conocido por su accionar político y cívico dentro de Cuba. Es el hombre además que produce el programa alternativo de televisión *Un cubano más*. Y en el año 2008, para los que lo recuerdan, en la Universidad de Ciencias Informáticas (UCI) Eliécer tuvo un intercambio de preguntas y respuestas con Ricardo Alarcón, el Presidente de la Asamblea Nacional.

(Fragmento del video de presentación de Eliécer Ávila tomada del video en la Asamblea Nacional en julio 2010)[71]

Eliécer Ávila: Bueno dejen presentarme, Eliécer Ávila, Facultad Número 2, líder del proyecto "Vigilancia Tecnológica y Política", que es una de las especialidades de Operación Verdad. En este caso, se dedica al monitoreo constante de Internet y a la misión de reportes y combate como tal en esta área.

(Fin del video)

Yoani Sánchez: ¿Qué es y qué ha sido la Operación Verdad?

Eliécer Ávila: La Operación Verdad es un proyecto que surge a partir de un activo de la UJC.[72]

---

[71] La intervención de Elicer Ávila puede verse en YouTube http://youtu.be/42ToBNNHZAo, 01:30

Un activo (para los que no son cubanos) es una reunión que se hacía con los militantes destacados y los cuadros de la UJC de todas las brigadas de la UCI y se hacían periódicamente, más o menos uno o dos anual, según recuerdo, en el Palacio de las Convenciones.

En uno de estos activos estuvo invitado el Ministro de Cultura Abel Prieto y explicó entre otras cosas que en esos momentos estaba una campaña más de difamación y ese tipo de cosas... y entonces a un estudiante —a partir de la convocatoria que hizo Abel Prieto de usar la técnica universitaria, de usar los estudiantes en función de expresar el criterio de la Revolución en cuanto a ese tema que se estaba tratando—, al final le propuso crear un proyecto organizado en la UCI, que era la universidad que más posibilidades tecnológicas tenía para esto, para transmitirle al mundo la verdad sobre Cuba, la verdad que el gobierno planteaba sobre Cuba. También el contexto de los cinco héroes.[73]

---

[72] Unión de Jóvenes Comunistas

[73] Los "Cinco Héroes" (Gerardo Hernández, Antonio Guerrero, Ramón Labañino, Fernando González y René González) son cinco agentes de inteligencia cubanos condenados por conspiración para cometer espionaje, conspiración para cometer asesinato, en calidad de agente de un gobierno extranjero, y otras actividades ilegales en Estados Unidos. Los cinco agentes estaban en Estados Unidos para observar e infiltrarse en el Comando Sur de los EE.UU. y los grupos cubano-americanos Alpha 66, los Comandos F4, la Fundación

El segundo objetivo importante del proyecto Operación Verdad era hacerle saber al mundo la visión cubana sobre el asunto de los cinco héroes.

Yoani Sánchez: ¿De qué año estamos hablando más o menos de la fundación de la Operación Verdad?

Eliécer Ávila: Yo creo que es 2007-2008.

Yoani Sánchez: Fue justamente en ese periodo, principios del 2008, si mal no recuerdo, cuando se suscita la conversación entre Ricardo Alarcón y un grupo de estudiantes de la UCI, en especial contigo, más o menos en el mismo rango de tiempo.

Yo creo que hacía varios meses que estaba funcionando el proyecto porque ya era bastante maduro y se habían consolidado un grupo de experiencias. Ya había todo un aval del proyecto en ese momento. Estaba funcionando bastante antes.

Yoani Sánchez: ¿Y tú dirigías el proyecto?

Eliécer Ávila: No. Yo no era el principal responsable del proyecto. Tenía a mi cargo una

---

Nacional Cubano Americana y Hermanos al Rescate. Eran parte de "La Red Avispa". En Cuba se les llama "Cinco Héroes".

En el juicio se presentaron pruebas de que los cinco se infiltraron en los grupos de exiliados cubanos radicados en Miami y en la Estación Aérea Naval de Key West con el fin de enviar informes al gobierno cubano sobre la base. También intentaron penetrar en el instalación de Miami del Comando Sur de EE.UU.

división del proyecto, que estaba muy bien estructurado. El proyecto tenía alrededor de 7 o 9, podríamos llamarle de alguna manera, divisiones o departamentos que se encargaban de hacer funciones específicas cada una; el mío era el de vigilancia tecnológica que consistía —como te expliqué en aquella reunión de capacitación— en saber en cada momento toda la información en torno a Cuba, en torno al gobierno, en torno a Fidel o a los principales dirigentes que se movía instantáneamente en el mundo. Era un monitoreo de prácticamente 24 horas.

Yoani Sánchez: ¿Monitorear solamente o también contrarrestar esa información?

Eliécer Ávila: El proyecto funciona como un todo. Nosotros detectábamos la información y había otro grupo que eran los analistas, que de alguna manera formaban parte de lo mismo, pero cada quien tenía sus funciones.

Había un grupo de analistas que eran estudiantes que tenían una mayor expresión oral. Ellos aportaban un grupo de ideas y se conciliaba la respuesta que se debía dar en cada caso a lo que estaba escrito en los blogs, en los sitios, en cualquier debate que se generaba, para que hubiese una coherencia en ese sentido.

Yoani Sánchez: Eso es muy interesante porque estamos hablando también en un periodo de tiempo en que comenzaron a surgir en Cuba algunos blogs críticos a nombre descubierto o sea, sin seudónimo.

Las personas empezaron a poner su nombre, su rostro, su foto, su número de carnet de identidad en espacios virtuales y críticos, así que de alguna manera en ese momento en que tú estabas participando en la Operación Verdad me imagino que una de las personas que te tocaba monitorear era a ésta que hoy te está entrevistando ¿no?

Eliécer Ávila: Ya una vez te confesé que en ese caso tú eras, yo diría si no el objetivo principal, uno de los principales que siempre debíamos estar al tanto de lo que pasaba, aunque con un detalle interesante: la cuestión no era leer, interpretar y analizar lo que tú escribías en ese caso. La cuestión simplemente se centraba en tu persona, que tenías todos los apellidos que se te ponen (imagen de caricatura escribiendo en una computadora con el cartel «cibermercenario» y un signo de dólar en la cabeza) y por tanto había que combatirte como ente existente.

Es importante comprender como te decía que nuestro papel se centraba en apretar casi siempre a la persona y de esto luego me he dado cuenta de cómo es que funciona.

Yoani Sánchez: ¿Es una estrategia?

Eliécer Ávila: Exacto. Yo vine a leerte profundamente, a analizar lo que tú decías cuando salí de la UCI. Sin embargo, por mis manos pasaron todos tus escritos.

Yoani Sánchez: Había también como un miedo al contagio...

Eliécer Ávila: Nadie iba a entrar a contradecir la realidad que tú exponías, porque si tú dices «esa construcción se está cayendo» yo podía venir y decir «esa construcción está en reparación». Es una cosa... Todo se centraba en que no tenías crédito como persona o como intelectual para expresar ese tipo de criterio.

Había personas allí que a veces se le agotaban las ideas y cuando tú leías (ininteligible) era siempre lo básico.

Yoani Sánchez: ¿Cómo se formaban estos grupos de la Operación Verdad? ¿Por qué eran seleccionados para integrar la operación? ¿Había algún requisito académico, formar parte de la Unión de Jóvenes Comunistas?

Eliécer Ávila: El Proyecto Operación Verdad era un proyecto más de la UCI. Como si fuese un proyecto productivo, de hecho se medían las metas productivas del proyecto mensualmente... semanalmente.

Había una producción. ¿Cuál era la producción? Una producción política: cuantos reportes se emitieron, en cuantos blogs se pusieron opiniones, en cuantos debates o fórums se intervino y se contrarrestó en opiniones que allí se estaban generando. Esa es en esencia un tipo de producción.

Debo explicar también que no solamente la función era política. Esto está estrechamente relacionado a la cuestión técnica; porque al mismo tiempo otra misión del propio proyecto se dedicaba a crear tecnologías que pudieran posicionar mucho mejor las páginas web nuestras, gubernamentales en este caso, en los buscadores internacionales y también que cuando alguien pusiera una determinada combinación de palabras salieran los sitios web del gobierno y no otros sitios web.

Hay un tipo de herramientas que permitían desde la informática realizar este tipo de cuestión.

Yoani Sánchez: O sea, vamos a ver si lo voy entendiendo bien. La Operación Verdad era un grupo multifacético, de personas que hacían veces de los llamados *trolls* en los sitios, atacaban, insultaban, desviaban la conversación. Otros que redactaban respuestas más complejas a los blogs alternativos, los periodistas independientes, las personas críticas con respecto al gobierno cubano. Y por otro lado, un grupo que se dedicaba a potenciar y a colocar mejor en los buscadores los sitios oficiales. Más o menos así lo voy entendiendo.

Eliécer Ávila: Exactamente, era una combinación tecnología-ideología en función de un mismo objetivo, incluso era por escalones. Si alguien entraba a un blog o a un fórum y no se sentía capaz de contrarrestar, que era su objetivo, la opinión que estaba allí o el análisis, entonces tenía que ir a consultar a un grupo de especialistas que estaban estrechamente vinculados al proyecto para que ellos elaboraran respuestas mucho más complejas y acabadas.

Yoani Sánchez: ¿Había una cláusula de discreción a través de esas personas?, es decir ¿esas personas se tenían que comprometer a no revelar...?

Eliécer Ávila: Bueno eso está desde la propia selección. Las personas que formaban parte del proyecto se suponía que eran lo más preparado y comprometido ideológicamente de todas las brigadas de la FEU.[74] El análisis era muy político en ese sentido. Y entonces pues en el campo tecnológico del mismo proyecto habían estudiantes realmente muy talentosos, de lo mejor que podía tener la universidad

Yoani Sánchez: ¿Tú también tuviste en algún momento que aceptar esa cláusula de discreción?

Eliécer Ávila: Sí, estaba prohibido terminantemente circular correos con la información que nosotros manejábamos. Solamente había cuentas autorizadas de los profesores que en este caso eran los managers del proyecto y yo solamente podía comunicar la información de mi grupo con el profesor del Partido que me atendía en ese caso, porque los profesores tampoco podían compartir la información.

Yoani Sánchez: ¿Funcionaban como células? ¿No?

Eliécer Ávila: Exacto.

---

[74] Federación de Estudiantes Universitarios

Yoani Sánchez: ¿Niveles de confianza?

Eliécer Ávila: Había una compartimentación en ese sentido.

Yoani Sánchez: ¿En total cuántas personas serían más o menos en esta Operación Verdad?

Eliécer Ávila: En total el proyecto llegó a tener cerca de 300 estudiantes involucrados.

Yoani Sánchez: Muchísimo ¿para una matrícula de la UCI de...?

Eliécer Ávila: De 10 000 estudiantes. Habían estudiantes de todos lados, más los profesores y más los especialistas anexos.

Yoani Sánchez: ¿24 horas al día o había turnos?

Eliécer Ávila: Bueno yo pudiera decir que todos los días no eran 24 horas, pero casi.

Yoani Sánchez: He notado como persona que ha sufrido esta andanada de soldados de la web, como le digo yo, por ejemplo en las vacaciones baja mucho la agresividad, la intensidad de los *trolls*, de los que atacan los fórums, de las personas que utilizan los comentarios para denigrar al blogger o al escritor del sitio y también lo he notado en algunas horas del día, después de las 4 de la tarde hay cierta caída en la virulencia de los soldados informáticos.

Eliécer Ávila: En efecto, había diferentes turnos de trabajo que podían tener un carácter intensivo si la situación así lo determinaba, la noche y madrugada completa. Nosotros le llamábamos a esto periodos especiales (ininteligible). Era una situación importante en que toda la operación debía estar activa; digamos elecciones en un país determinado del ALBA, algún proceso político que se estuviese realizando como aquella convocatoria a decir lo que pensaban los trabajadores que hizo Raúl. En esos momentos era imprescindible salir al detalle en los estados de opinión o insertar estados de opinión, crear estados de opinión, matices de opinión. Y por tanto estábamos todo el tiempo.

Yoani Sánchez: ¿Tenían ustedes acceso ilimitado a todos los sitios o había también control en el acceso?

Eliécer Ávila: En el caso de mi grupo específicamente que era el que se encargaba del monitoreo. Teníamos una cuenta bastante amplia y eficiente y no teníamos ese tipo de restricciones que sí tenían el resto de los estudiantes. Se supone que estábamos blindados ideológicamente.

Yoani Sánchez: Pero me imagino que los ataques no eran solamente contra sitios que tenían una tendencia ideológica diferente a la del gobierno, críticos, noticiosos. Hay sitios que han sufrido mucho como por ejemplo «Revolico» que es sencillamente un portal de clasificados de compra y venta. ¿También estaban este tipo de sitios en el espectro de la reacción?

Eliécer Ávila: Bueno en el espectro de las reacciones estaban los sitios que estaban de alguna manera fuera del entendimiento mental del jefe de turno que tuviera el proyecto. El proyecto era atendido incluso por alguien del Consejo de Estado.

Yoani Sánchez: ¿Directamente?

Eliécer Ávila: Directamente, y de vez en cuando recibíamos visitas del Consejo de Estado.

Estaba atendido también directamente por alguien de la rectoría de la universidad. Eso estaba hasta el máximo nivel, y por tanto si alguien, en cualquier parte, incluido sitios oficiales, había una opinión o artículo que no estaba acorde a la moral revolucionaria pues... claro siempre con respuestas muy elaboradas en dependencia de quién lo estaba diciendo, qué es lo que estaba diciendo, pero a cada cual su dosis.

Yoani Sánchez: Y se dio algún caso que tú recuerdes de ver alguna persona contrariado o de alguna manera «contagiado» por aquella opinión crítica que había leído en un lugar ¿Alguien que empezó a dudar?

Eliécer Ávila: Todo el tiempo. Todo el tiempo. Yo creo que a todos nos pasó en algún momento. A mí particularmente muchísimo, lo que pasa es que yo siempre era muy rebelde, pero estaba acusado como un «rebelde dentro del sistema».

Muchas veces llevamos incluso al aula alguna discusión. Lo que pasa es que la tónica en que se veía era la siguiente: «eso puede estar bien, o más o menos bien o más o menos mal, pero el asunto es que no es el contexto para hablar sobre esto. Hay que decirlo en el Congreso de la UJC, en el Congreso de la FEU, en el Partido. Hay personas que hablan de esas cosas por tanto no hay que estar poniendo a Cuba en ridículo en Internet, ni mucho menos».

Yoani Sánchez: ¿Y crees tú que el Eliécer Ávila de enero del 2008 que se paró frente a Ricardo Alarcón y le hizo aquella pregunta tan difícil de responder para él ya estaba influenciado de alguna manera por lo que había leído en Internet en esos sitios rebeldes y prohibidos?

Eliécer Ávila: Sí, indiscutiblemente estaba influenciado de alguna forma porque a fin de cuentas la Internet tiene alma por sí sola. Internet es algo que cuando tú la conoces te cambia. Indiscutiblemente, aunque tú mantengas un perfil determinado porque debo decirte que este proyecto era un aval importantísimo para casi cualquier cosa, podría ser para una misión en Venezuela o podría ser el aval que te hiciera falta para triunfar como universitario. Yo creo que muchas personas se preguntaban cosas, pero se mantenían haciendo su trabajo.

Yoani Sánchez: Y los recursos, me imagino que todo lo que necesitaron.

Eliécer Ávila: Bueno uno de los primeros proyectos o uno de los principales «productivos» de la UCI al que se le modernizó la técnica fue el nuestro. Teníamos muy buena técnica y en caso de necesitarlo podíamos usar todo el arsenal con que la UCI contaba, para imprimir o hacer lo que hubiera que hacer. Y si había que pedirle algún apoyo al Consejo de Estado pues también se hacía.

Yoani Sánchez: Además de opinar, de contrarrestar con gritos y con pocos argumentos, ¿se dedicaban a *hackear* y atacar cibernéticamente sitios y portales?

Eliécer Ávila: En alguna ocasión, porque vamos a ver los informáticos siempre están picados por el "bichito" del *hackeo* y ese tipo de cosas; y por tanto a algunos se les ocurrió que debíamos en total secreto —yo lo propuse y con esas condiciones se aprobó— crear un pequeño grupo de 3 o 4 personas de extrema confianza y empezar por lo menos a estudiar y a profundizar en ese tipo de cuestiones: «como poner fuera de combate un sitio determinado», «como interrumpir un servicio». Porque la lógica era que a nosotros nos lo podían hacer, por tanto también deberíamos tener la capacidad de poderlo hacer. Sobre todo porque estudiamos un documento que publicó el Departamento de Estado de los Estados Unidos que hablaba de la guerra cibernética, de un grupo especial que habían creado y muchos de nosotros empezamos a creer que éramos la contraparte de este asunto y por tanto nos tomamos más en serio este tema de poder hacer un ataque serio.

Yoani Sánchez: ¿Y qué tipo de sitios podrían estar en esa lista de posibles ataques?

Eliécer Ávila: Yo creo que a sitios que pudiese haber información de antemano, que fueran a ofrecer en un momento determinado una información crítica, que pudieran decidir en hechos específicos como pudieran ser los estados de opinión sobre Chávez en Venezuela.

Yoani Sánchez: ¿Estamos hablando no ya de un blog personal ni de un sitio más sencillo, sino estamos hablando de servicios potentes?

Eliécer Ávila: Una decisión que tomamos fue tratar de hacer algo usando el sitio Noticias 24 como prueba.

Yoani Sánchez: Lo conozco... muy crítico.

Eliécer Ávila: Era uno de nuestros blancos fundamentales porque siempre tenían noticias frescas sobre todo de los que disentían de la política de Chávez.

Yoani Sánchez: ¿Se dio alguna vez el caso de alguien que dijo algo así como: «yo no fio, me bajo de este tren, no puedo continuar en esta operación que más que una Operación Verdad parece una Operación Mentira»?

Eliécer Ávila: Yo creo que ese caso se daba frecuentemente porque yo era él que me encargaba —por supuesto inconsultamente— de dar altas y bajas. (Ininteligible). Se daba porque las personas creían que no se formaban. Era una queja constante: «nosotros estamos para hacernos a nivel informático y estamos perdiendo nuestro tiempo en un proyecto que es evidentemente político y nuestros compañeros de aula se nos están yendo muy *alante* técnicamente». Y creo que la mayoría de las renuncias era para irse a un proyecto productivo o por lo menos esa era la excusa que se ponía. «Prefiero estar programando que en definitiva ese va a ser mi trabajo y no estar aquí discutiendo este tipo de respuestas».

Yoani Sánchez: Todo eso que tú me has contando, lo cuentas en tiempo pasado porque fue la experiencia que tuviste en los años mientras estuviste en la UCI, pero ¿tienes alguna noticia de que la Operación Verdad continúa?

Eliécer Ávila: Lo que tengo entendido es que el proyecto ha mutado. Se han manejado cambios de nombre, se ha manejado la estructura y se ha extendido. Tengo entendido incluso que a los niños en los Joven Club se les ha hablado de la Operación Verdad o sea se han creado muchos clones homólogos en muchas partes del país.

Hay que puntualizar también algunos detalles: la UCI es una universidad donde hay estudiantes de todo el país y los *proxy* que se habilitaban para este tipo de defensa o de la guerra podríamos decir no salían a internet como si fuéramos estudiantes universitarios sino como si fuéramos personas corrientes de cualquier parte del país: un tunero, un guantanamero, para así dar la impresión que todo el país está respondiendo y solamente era un grupo especializado de la UCI para representar a Cuba, incluso eso pudiera salir también en cuentas como si estuvieran en países latinoamericanos.

Yoani Sánchez: Eso me consta porque de alguna manera lo he vivido en mi blog. ¿Tú crees que la Operación Verdad haya mutado incluso hasta el punto no solamente de contrarrestar opiniones, de intentar *hackear* sitios sino también hacia la creación de sitios, blogs, portales que pretendiendo ser del concepto autonomía, sin embargo están controlados totalmente por el oficialismo?

Eliécer Ávila: Al principio te dije que eran aproximadamente 6, 7 a 9 grupos. Específicamente había un grupo que se llamaba grupo de «sitios web» y había otro grupo que se llamaba «sitios blogs» y no era más que los mismos que atendían ese grupo que tenían que hacerse de un blog y actualizarlo y mantenerlo en defensa del mismo objetivo. Pero era un blog de un muchacho aparentemente normal; incluso se ponían algunos tipos de ganchos para que las personas lo leyeran, podían ser temas artísticos, música...

Yoani Sánchez: *¿Baseball?*

Eliécer Ávila: *Baseball*, muy fundamental, futbol o cualquier cosa que atrajera la atención de las personas y entonces transmitirle el mensaje incluido. Pero esa era su producción. «¿Cuántas veces has actualizado el blog en la semana? ¿Cuántas visitas tienes?». Eran muy rigurosos en eso; podía hacerse un análisis cuando el blog tuviera pocas visitas. «¿Por qué no has provocado que haya más visitas, que haya más ranking?» y esa era como la eficiencia de las personas que la atendían. Era un trabajo.

Yoani Sánchez: En los últimos años hemos visto una tendencia en el gobierno cubano a crear sucedáneos nacionales de sitios muy conocidos como puede ser la enciclopedia Wikipedia y hemos visto aquí el nacimiento de EcuRed, incluso hasta un Facebook cubano que no se qué ha sido de él. ¿Crees que eso también es una de las líneas de trabajo de los operadores de la verdad?

Eliécer Ávila: Yo creo que todo forma parte de una misma estrategia porque al salir de la UCI me mandaron como todos saben para un Joven Club en Puerto Padre[75]. Tuve entonces la segunda experiencia fuerte en este término: como trabajador de los Joven Club tener obligatoriamente que escribir, creo que eran 8 a 10 artículos para EcuRed mensualmente, si no te afectaba el salario.

Yoani Sánchez: ¿Diferentes temáticas?

Eliécer Ávila: Casi de lo que tú quisieras. La cuestión estaba en dar cuerpo a una enciclopedia cargándola de miles y miles de artículos de la historia local... de lo que tú pudieras averiguar.

Yoani Sánchez: ¿De botánica, por ejemplo?

Eliécer Ávila: De lo que fuera.

---

[75] Pueblo en la provincia Las Tunas.

Yoani Sánchez: ¿Y tú sabías algo de eso?

Eliécer Ávila: Ni idea. Además los instructores del Club lo que más se quejaban era: «yo estoy aquí para hacer mi trabajo, enseñar computación, enseñar Photoshop, disolvencias ¿qué tengo que ver yo con estar creando artículos para Ecured?».

Yoani Sánchez: Pero eso me asusta porque EcuRed se está distribuyendo en muchas escuelas en Cuba, se le está dando a nuestros niños y adolescentes como un referente, como una base de datos para buscar información.

Eliécer Ávila: ¿Qué se hace normalmente? Un instructor que obviamente no tiene la preparación y a veces tal vez ni la capacidad, y fundamentalmente no tiene el deseo, ni la vocación de estar escribiendo nada de eso se encuentra un libro dónde vienen las biografías de la Revolución Socialista de Octubre y dice ¿Cuántas tengo que hacer? ¿Cien biografías? Ya lo tengo resuelto con este libro. Y empiezan a copiar del libro.

Yoani Sánchez: Y al final terminan copiando hasta de Wikipedia...

Eliécer Ávila: Eso es lo peor, y nos reíamos mucho de eso. «¿Y tú qué vas a hacer? Mira lo que me encontré aquí». Era así. Copiar de la Wiki y cambiar la referencia.

Eso es una cosa que si me llamó la atención desde que era casi un adolescente. El tema de por qué no podía suceder en Cuba nada espontáneo. ¿Te hace falta que la gente defienda el país?, pues ponle internet a la gente y si la gente cree que debe defender el país. Si la gente cree que debe defender el comunismo, debe defender el unipartidismo, debe defender un sistema de elecciones donde no votan por su presidente o debe defender lo que crea, entonces que lo haga. Yo estoy totalmente de acuerdo y conforme con que lo hagan, pero que lo hagan a título personal.

Yoani Sánchez: ¿Y ese temor a que los ciudadanos cubanos se conecten libre y sin límites ideológicos no crees que es lo que está motivando también a que el esperado cable de fibra óptica entre Cuba y Venezuela no esté funcionando todavía?

Eliécer Ávila: Yo no lo creo. Yo estoy absolutamente seguro porque participé en reuniones y eventos donde era ésa la visión que se planteaba, que «el país tenía que estar preparado tecnológicamente para enfrentar una posible agresión del enemigo».

Ellos, como controlan las cuentecillas[76] que hay, creen que pueden controlar todo un país incluso con el cable si fuese posible. Primero lo hacen en los centros especializados donde hay que filtrar a Cuba para que salga ya depurada a la otra parte y filtrar al mundo para que entre depurado a Cuba. Yo creo que eso lo van a hacer. No harán carreteras, no

---

[76] Se refiere a las cuentas de correo electrónico.

mejoraran edificios, se caerá La Habana, pero eso sí va a tener todo el respaldo del mundo para hacerlo y es una cosa que es increíble que no se dan cuenta que es totalmente innecesario.

Yo recuerdo que una cosa que a mí me llamaba mucho la atención era que cuando las elecciones en Venezuela a nosotros a veces nos entraron casi todos los tipos de opinión y la gente estaba hablando, digamos, en contra de Chávez. «Yo no estoy de acuerdo con Chávez por esto, por esto y por esto». «Le está dando cosas a los vagos. Sin embargo, no alienta la inversión, no alienta a los emprendedores. Los beneficios que da es a cambio de un compromiso ideológico y a mí por eso no me va», y así. Sin embargo, había que emitir un criterio y sobre todo convertirlo en noticia, a partir de que muchos de nosotros opináramos, y había que decir a veces todo lo contrario: (cambia el tono de la voz imitando un discurso): «Masivamente todos los que quieren y apoyan a Chávez estamos aquí».

También a veces se hacían encuestas, por ejemplo, cuando Chávez perdió, se decía que no iba a ganar. Era una cuestión operativa, rápidamente: «pon ahí que las encuestas —y a veces se inventaba un nombre en inglés— dan como seguro ganador del referendo».

Yoani Sánchez: Adulterando la realidad incluso...

Eliécer Ávila: Constantemente. Eso se venía generalizando.

Yoani Sánchez: Pero eso es muy grave porque eso es una labor prácticamente injerencista, cambiar tendencias informátivas...

Eliécer Ávila: Pero como en Cuba le cambias el nombre a todo lo que haces. Eso no es intromisión en asuntos internos como no lo pueden ser las guerrillas...

Yoani Sánchez: Eso lo llaman internacionalismo proletario... solidaridad entre los pueblos...

Eliécer Ávila: Como los parados y los desempleos se llaman disponibles y las políticas se llaman reajustes, reformas y no recortes sociales etc.

Yoani Sánchez: Sector privado, cuentapropismo...

Eliécer Ávila: Es lo mismo pero se llama de otra manera.

Yoani Sánchez: A la luz de hoy ¿cómo tú ves todo aquello en lo que participaste, todo aquello en lo que te implicaste en la Operación Verdad?

Eliécer Ávila: Bueno, yo lo primero que vengo a decir es que no tengo muchas cosas de que arrepentirme porque en aquel momento hice lo que según mi conocimiento y mi formación debía hacer y estaba muy consciente de lo que estaba haciendo y ahora hago lo que a la luz de los hechos, de la información, de los argumentos, de lo que he leído, de lo que he conocido me suena racional que es lo que tengo que hacer.

Ahora, en mi caso simplemente pasó algo; en aquel momento yo estaba casi seguro de que el problema no era el sistema. El problema eran todas las personas que hacían mal las cosas. Luego la experiencia me trajo el tema de ¡qué casualidad que hasta mis mejores amigos, personas que estimaba mucho, luego de un tiempito en cualquier tipo de cargo no servían ni como personas, ni como dirigentes, ni como nada! Entonces hay algo que estaba corrompiendo a las personas. Es un ciclo de pérdida de valores que como el mismo sistema no va a cambiar, y es el propio sistema; como están configuradas las cosas, como están diseñadas las políticas, las leyes, los procedimientos; y eso sí tiene nombre y apellido pero es de máximo nivel, que eso sí bajo ningún concepto yo me cuestionaba.

Yo me cuestionaba excepto el máximo nivel, de ahí para abajo, todo, estando en el Proyecto Operación Verdad. Pero luego, porque el proyecto lo terminé en cuarto año preparándome en el quinto para la tesis, ellos mismos me lo sugirieron a la fuerza....

Yoani Sánchez: Después del incidente con Alarcón...

Eliécer Ávila: Después del incidente no se me permitió publicar más nada. Y me dijeron: «tú a tu tesis». Pero estando en la propia UCI yo llegué a cuestionar al gobierno en la Juventud[77]. ¿Por qué Raúl tenía que ser el presidente del país? o ¿Por qué

---

[77] UJC: Unión de Jóvenes Comunistas

tenía que haberse pasado Fidel cincuenta o más años al frente del país? Yo quería un guantanamero, un pinareño. ¿Por qué en Cuba no había más nadie talentoso, moralmente adecuado para poder participar en unas elecciones y poderlo elegir?

Yo creo que ya en la UCI yo tenía algunas cosas adelantadas.

(Pausa)

Sentí y siento profundo respeto tanto por los profesores como por los estudiantes que formaron parte de este proyecto porque realmente eran personas talentosas y había muchachos muy serios que vivieron como viví yo un contexto determinado en la universidad en la que se sentían que estaban haciendo una cosa muy útil y muy importante.

Lo que quisiera también es que los que están en este momento cumpliendo ese tipo de misiones se pregunten también si de verdad vale la pena.

Hace poco se realizó el encuentro BlogazoxCuba[78]. Hay un grupo de blogs que creen que son independientes y me da la impresión que ellos mismos no se dan cuenta de que no lo son y que en la medida en que esos blogs empiecen a evolucionar

---

[78] Encuentro de Blogueros Cubanos en Revolución, celebrado en la Universidad de Matanzas Camilo Cienfuegos el 27 y 28 de abril del 2012.
http://www.cubadebate.cu/noticias/2012/04/27/arranca-encuentro-de-blogueros-cubanos/

porque el ser humano por muy adoctrinado que este siempre conserva la capacidad de entender, de aprender, de reaccionar y a mí me parece que incluso los muchachos que tienen estos blogs han evolucionado en algo y han tenido que ir aceptando un grupo de cosas que la cruda realidad en su momento se los está poniendo de frente. Tendrían que taparse los ojos para no verlo.

Yoani Sánchez: Yo coincido con eso Eliécer porque en la medida que el gobierno tiene que dar pequeños espacios, pequeñas burbujas de conectividad o de libertad para hacer determinadas críticas, para crear una impresión de que dentro de la Revolución también se permite la discrepancia. En la medida que hace eso, esas personas le van cogiendo el gusto a criticar, a decir, a señalar, a tener un espacio propio donde hablar y eso es un proceso irreversible.

He conocido muchos blogs que han comenzado realmente con criterios muy fundamentalistas, muy apegados al discurso oficial y que han ido transmutándose y evolucionando en blogs verdaderamente críticos hasta el punto de que alguno de ellos ha sido hasta cerrados. Así que coincido contigo.

Eliécer Ávila: Yo creo que recientemente está pasando. De estos mismos muchachos de Santa Clara he recibido muchas opiniones de que han disminuido su actividad, la han suspendido incluso.

Creo que lo que pasa es lo siguiente: en la medida en que los que están detrás del buró se dan cuenta de que sus soldados están mirando otras cosas y están aprendiendo, están escuchando, están haciendo amistades, eso no les gusta. «Las cosas se están apartando del objetivo que nosotros esperamos». Y lo que es importante que esos soldados se den cuenta es que en realidad no tienen nada en la mano; no tienen conexión, no tienen una personalidad, ni política ni de ningún tipo en la internet y simplemente son instrumentos que usa otra persona que puede cortarles el agua y la luz cuando lo estime necesario.

El mismo evento ése. Yo no participaría en ningún evento blogger o lo que fuera que estuviera prohibida la participación, que no se invitara a nadie fuera del campo oficial.

Una de las cosas que yo comparto de las actividades que a veces se realizan en Estado del SATS[79] es que nadie le va a decir a alguien «no entres», «no escuches», «no participes». Yo creo que esta diferencia en la que uno dice: «Vamos a incluir. Vamos a conversar», y otro dice: «Yo no tengo nada que hablar. Yo pienso a ultranza y hasta la muerte». Esta segunda posición no pega con (ininteligible).

---

[79] Estado de SATS es un espacio con visiones diferentes del arte, el pensamiento y el activismo social, que aspira a bosquejar un proyecto para una Cuba diversa y plural.

http://www.estadodesats.com/aboutstate-of-sats

No pega con la gente que de verdad quiere lo mejor para el país y quiere cambiar y revolucionar las cosas.

De todo corazón a lo que yo aspiro es que en un futuro, si es posible no muy lejano, quiero discutir con hombres libres; quiero debatir con personas independientes. Yo quiero discutir con personas con criterio. La gente quiere abrir, nadie quiere callarse y no hablar. La gente quiere compartir.

Yo creo que al final esto se va a imponer porque eso sí es Revolución.

Yoani Sánchez: Sin lugar a dudas, y usted también espectador que nos está escuchando, en un día, no importa si ahora usted trabaja dentro de las filas de la Operación Verdad o es de los que son atacados por estos soldados, no importa, algún día usted puede estar también sentado en esta silla. Muchísimas gracias.

BIBLIOGRAFÍA

Archivos y colecciones especiales

Archivo Nacional de Cuba.

Archivos del Palacio Nacional. Archivo Particular del Generalísimo (APN-APG), Santo Domingo.

Archive – GM Heritage Center, General Motors, Detroit.

Archives Organized Crime Bureau-Miami Dade County, Miami, Florida.

Archivos personales de la familia Barletta, Santo Domingo.

Cuba 19th and 20th Newspapers Collection, Library of Congress, Washington, D. C.

Cuban Heritage Collection. Universidad de Miami, Florida.

Federal Bureau of Investigation, U.S. Department of Justice. Washington, D.C.

FIU Special Collections, Miami, Florida.

Mary Ferrell Foundation, Ipswich, Massachussetts.

U.S. Army Intelligence and Security Command, Fort George G. Meade, Maryland.

U.S. Department of State. National Archives and Records Administration, NARA. Washington, D. C.

U.S. Department of Homeland Security, Lee's Summit, Missouri.

US Government Documents Collection, Internet Archive. San Francisco, California.

Documentos

Acta de Audiencia. 29 enero 1967. Expediente Civil No. 36/1967 Ley No. 5924. Santo Domingo.

Acta de Fundación de la Santo Domingo Motors Company. Santo Domingo, República Dominicana. Libro de Registro de Actas de la Santo Domingo Motors Company, 12 de septiembre de 1920.

Acta de la Junta de Accionistas. Libro de Registro de Actas de la Santo Domingo Motors Company, 30 junio 1921 hasta 15 de enero 1963.

Acta No. 43. Sesión Extraordinaria de la Junta General de Accionistas. Libro de Actas de la Compañía Editorial El Mundo, S.A, 5 de agosto 1949.

Acta No. 44 del Consejo de Directores. Folio 106. Libro de Actas de la Compañía Editorial El Mundo S.A., 5 de agosto 1949.

Acta No. 49 Folio 116. Junta General de Accionsitas. Libro de Actas de la Compañía Editorial El Mundo S.A., 9 de diciembre 1949.

Acta No. 50 Folio 136. Reunión del Consejo de Directores.

Libro de Actas de la Compañía Editorial El Mundo, 9 de diciembre 1949.

Acta No. 52 Folio 141. Reunión del Consejo de Directores. Libro de Actas de la Compañía Editorial El Mundo S.A., 8 de febrero 1950.

Acta No. 57. Folio 150. Reunión del Consejo de Directores. Libro de Actas de la Compañía Editorial El Mundo S.A., 13 de febrero 1952.

Affari Esteri, Gli. *Ordine della Stella della Solidarietà Italiana No. 16.* Presidente Della Repubblica Italiana, 18 de noviembre 1952.

Balaguer, Joaquin. *Telegrama 41-849 / SAP.* Santo Domingo.

Banco Nacional de Cuba. *Carta al interventor del Banco Agrícola y Mercantil.* 8 de enero 1953. Legajo 192, No. 7. Fondo del Banco Nacional de Cuba. Archivo Nacional de Cuba, La Habana.

_____. *Comentarios y conclusiones de la inspección al Banco Atlántico el 9 de diciembre de 1952 (Segunda Inspección).* 1952. Fondo del Banco Nacional de Cuba, Legajo 233. No. 16. Archivo Nacional de Cuba, La Habana

_____. *Conclusiones de la inspección al Banco Atlántico el 7 de agosto de 1951 (Primera Inspección)* 1951. Fondo Banco Nacional de Cuba, Legajo 233. No. 16. Archivo Nacional de Cuba, La Habana

_____. *Conclusiones de la Inspección al Banco Atlántico el 8 de diciembre de 1953. (Tercera inspección)*. 1953. Fondo Banco Nacional de Cuba, Legajo 233. No. 16. Archivo Nacional de Cuba, La Habana.

_____. *Información General. Inspección al Banco Atlántico*. 9 de diciembre 1952. Legajo 192 No. 9. Fondo del Banco Nacional de Cuba. Archivo Nacional de Cuba.

_____. *Informe de inspección al The New City Bank of New York*. 16 de enero, 1953. Fondo del Banco Nacional de Cuba. Legajo 192 No. 7. Archivo Nacional de Cuba, La Habana, Cuba

_____. *Informe de la segunda inspección al Banco Atlántico realizada el 9 de diciembre de 1952*. 8 de enero, 1953. Fondo Banco Nacional de Cuba, Legajo 192 No. 7. Archivo Nacional de Cuba, La Habana, Cuba

_____. *Memorándum al Comité de Inspección Bancaria*. 1951. Legajo 192. No. 6. Fondo del Banco Nacional de Cuba. Archivo Nacional de Cuba, La Habana.

Barletta, Amadeo. *Carta al Sr. Miguel Termes. Subgerente Jefe de Inspección Bancaria*. 31 agosto 1951. Fondo del Banco Nacional de Cuba. Legajo 192. No 6. Archivo Nacional de Cuba, La Habana.

_____. *Carta al Sr. Oswaldo Saura, Gerente Supervisor de Inspección Bancaria*. 30 julio 1951. Fondo del Banco Nacional de Cuba. Legajo 192 No. 6. Archivo

Nacional de Cuba, La Habana.

_____. *Apelación al Tribunal de Cuentas.* Expediente 3-2-8884 *Ministerio de Recuperación de Bienes Malversados.* Dr. Lázaro Ginebra. Colegio de Abogados de La Habana, 22 de marzo 1960. La Habana,

_____. "Inicia una nueva vida El Mundo". *El Mundo*, 5 de octubre 1960, p.1-2.

_____. *Recurso de Incostitucionalidad al Señor Ministro de Recuperación de Bienes Malversados.* Dr. Lázaro Ginebra. Colegio de Abogados de La Habana, 14 de marzo 1960. La Habana

_____. *Carta a Joaquín Balaguer, Presidente de la República Dominicana.* 25 de enero, 1973

Cable: *Amadeo Barletta Sr. advises that AREC recently gave $50 000.* CIA, 15 de marzo 1961. Record Number: 104-10274-10063, Record Series: JFK, Agency File Number 80T01357A. Mary Ferrell Foundation.

Cable: *At wicker request Amadeo Barletta Jr. arranged staged.* CIA, Noviembre 7 1960. Record Number 104-10167-10312, Record Series: JFK, Agency File Number 80T01357A.

Cable: *Headquarters agrees favorable consideration should be given.* CIA, Septiembre 12 1969. Record Number 104-10217-10234, Record Series: JFK, Agency File Number: 80T01357A.

Cancio Rojas, Rodolfo. *Certificado RS No. 8536.* Ministerio de Estado. República de Cuba, 13 de junio 1956. La Habana

_____. *Certificado. RS No. 8537.* Ministerio de Estado. República de Cuba, 13 de junio 1956. La Habana

Carta de la Embajada dominicana en Cuba. 26 de abril 1956. Archivo Particular del Generalísimo, Santo Domingo.

Carta No. 606. A: Embajada en Washington. 11 de enero 1954. Archivo Particular del Generalísimo, Santo Domingo.

Carta No. 2243. A: Embajada en Cuba. 2 de febrero 1954. Archivo Particular del Generalísimo, Santo Domingo.

Carta No. 4448. A: Embajada en Cuba. 2 de marzo 1954. Archivo Particular del Generalísimo, Santo Domingo.

Carta No. 6188. A: Embajador en La Habana. 24 de marzo 1954. Archivo Particular del Generalísimo, Santo Domingo.

Carta No. 13954 A: Gustavo Tolentino, Vicecónsul en New York. 18 de julio 1954. Archivo Partícular del Generalísimo, Santo Domingo.

Chapin, Vinton. *Despacho No. 749. Información biográfica concerniente a Amadeo Barletta.* Embajada Americana en La Habana, La Habana. 1 de febrero

1957. Archivos Nacionales y Administración de Records (NARA), Maryland. Exp. 101.21/5-1057

Connor, William M. *Vicente Barletta. Period 12/29-2/42.* Federal Bureau of Investigation, 21 de febrero 1942. San Juan, Puerto Rico. Archivos Nacionales y Administración de Records (NARA), Maryland. Exp. 865.20210 Barletta, Amadeo/14.

Corte de Apelación de Santo Domingo. Sentencia Penal No. 72. 27 de mayo 1935. Archivos Nacionales y Administración de Records (NARA), Maryland. Exp. 339.115 General Motors Export Co./194.

Cushing, Richard G. *Memorandum from Richard G. Cushing of Office of Public Affairs Advisor, Bureau of Inter-American Affairs, to Deputy Director of the United States Information Agency.* Foreign Relations of the United States, 1958-1960, Volume VI: Cuba   pag 879-883. Mary Ferrell Foundation, Washington.

"Decreto No. 1296: Cancelación del decreto No. 1257, que canceló el exequátor del Sr. Amadeo Barletta como Cónsul Real de Italia, y restablecimiento del decreto No. 845, que se lo concedió". *Gaceta Oficial*, Año LVI., Santo Domingo, R.D., 5 de junio 1935.

Departamet of State. *The Proclaimed List of Certain Blocked Nationals.* Government Printing Office, 17 de julio 1941. Washington.

Department of State. *The Proclaimed List of Certain Blocked Nationals.* Government Printing Office, 12 de mayo

1942. Washington.

Despacho No. 3561. Conversación con Amadeo Barletta en relación a propuestas de negocios del presidente Trujillo. Embajada de Estados Unidos en Santo Domingo, 31 de mayo 1935. Archivos Nacionales y Administración de Records (NARA), Maryland. Exp. 339.115 General Motors Export Co./190.

Embajada Americana de Ciudad Trujillo. Santo Domingo, República Dominicana. *Telegrama No. 262 al Secretario de Estado, Washington.* 27 de agosto 1943. Archivos Nacionales y Administración de Records (NARA), Maryland. Exp. 865.20210 Barletta. Amadeo / 23.

Enlisted Record of Amadeo H. Jr. Barletta. 1943. *Enlistment Record No. 32953254.* World War II Army Enlistment Records. NARA, War Department, and Bureau of the Census.

Escritura No. 278. Constitución del Banco Atlántico S. A., 6 de septiembre 1950. Fondo Banco Nacional de Cuba, Legajo 192 No 6. Archivo Nacional de Cuba, La Habana

Gronchi. *Cavaliere al Merito del Lavoro No. 1329. Foglio 121. Volume I.* Minitro per l' Industria ed il Commercio. Presidente Della Repubblica, 2 de junio 1955.

Hoover, J. Edgar. *Carta a Adolf A. Berle, Jr. Assistant Secretary of State. Department of State.* Federal

Bureau of Investigation, 2 de septiembre 1941. Washington. Archivos Nacionales y Administración de Records (NARA), Maryland. Exp. 865.20210 Barletta, Amadeo/6.

Interrogatorio al acusado Amadeo Barletta ante el Magistrado M. A. Gonzalez Rodriguez, de la Primera Circunscripción del Distrito Nacional. 7 de abril 1935. Santo Domingo. Archivos Nacionales y Administración de Records (NARA), Maryland.

Jiménez, Guillermo. *Informaciones variadas en legajos del Fondo del BNC del ANC relacionados con el Banco Atlántico.* La Habana, 2009.

Junta Central Electoral, República Dominicana. *Certificado de Defunción de Amadeo Barletta.* Julio 7 1976. Delegación de Oficialías del Estado Civil del Distrito Nacional, Santo Domingo

Kappel, Frank. *Cuban Executives Club.* Dade County Police, 1961.

"Ley Fundamental de 1959". *Gaceta Oficial de la República de Cuba.* 7 de febrero 1959. La Habana.

"Ley No. 13 del 23 de diciembre de 1948. Ley y Estatutos. Banco Nacional de Cuba, 1950". *Gaceta Oficial de la República de Cuba*, Edición Extraordinaria No. XXIV de 30 de diciembre de 1948. La Habana.

"Ley No. 893: Constitución del Estado como parte civil en los casos de atentados contra la vida o la persona del

Presidente de la República, y otras infracciones".
Gaceta Oficial, 24 de abril 1935. Santo Domingo,
R.D. Archivo Nacional.

Marcus, Libert. *Carta a C. Louis Allen. Penn Tobacco
Company. por A.* Archivos Nacionales y
Administración de Records (NARA), Maryland.
Exp. 339.115 General Motors Export Co./164.

_____. *Carta a Louis Allen. Penn Tobacco Company.*
Archivos Nacionales y Administración de Records
(NARA), en Maryland. Exp. 339.115 General
Motors Export Co./164.

_____. *Despacho 2490. Carta a C. Louis Allen. Penn
Tobacco Company.* Archivos Nacionales y
Administración de Records (NARA), Maryland.
Exp. 339.115 General Motors Export Co./161.

Masoni, Leonardo. *Carta al Sr. Miguel Termes, Subgerente
Jefe de Inspección Bancaria, Re: Modelo R-10
Balance de Situación.* Fondo Banco Nacional de
Cuba. Archivo Nacional de Cuba, La Habana.

_____. *Estado "0": Prestamos y adelantos a Afiliadas.*
Banco Atlántico, 31 de diciembre de 1952. Fondo
Banco Nacional de Cuba. Archivo Nacional de
Cuba, La Habana

_____. *Principales Clientes del Banco Atlántico.* Banco
Atlántico, 2 de agosto de 1952. Fondo Nacional de
Cuba. Archivo Nacional de Cuba, La Habana

McGurk, J.F. *Memorándum: Conversacion entre Amadeo Barletta, Dominican Tobacco Company y la Dominican Motors Company. Mr. Clark. Representante de Puerto Rico de la General Motors Corporation. Asistente del secretario Welles y el señor McGurk.* Departmet of State, 5 de junio 1935. Washington. Archivos Nacionales y Administración de Records (NARA), Maryland. Exp. 339.115 General Motors Export Co./198.

Memorándum No. 1937. De: Secretario de Relaciones Exteriores. Noviembre 5,1953. Archivo Particular del Generalísimo, Santo Domingo.

Messersmith, George S. *With respect to Mr. Amadeo Barletta, an Italian subject who is the principal owner of the Lawrence B. Ross Corporation.* American Embassy in Havana, 7 de noviembre 1940.

Parrish, F.I. *Vicente Barletta / Rafael Barletta.* Federal Bureau of Investigation, 9 de mayo 1941. San Juan, Puerto Rico. Archivos Nacionales y Administración de Records (NARA), Maryland. Exp. 865.20210 Barletta, Amadeo/11

Portal, Jorge M. *Memorándum al Comité de Inspección Bancaria: Sres. J. Martínez Sáenz, Bernardo Figueredo y S. Valdés Rodríguez. Resumen del Informe de Inspección al Banco Atlántico, S. A.,* 8 de diciembre de 1953. Fondo del Banco Nacional de Cuba. Archivo Nacional de Cuba.

Pazos, Felipe. *Carta del Presidente del Banco Nacional de*

Cuba. 5 de febrero 1951. Fondo del Banco Nacional de Cuba. Archivo Nacional de Cuba, La Habana, Cuba.

Pedroso Borrero, Idanis y Ramírez, Alfonso. "Síntesis biográfica de los principales escritores camagüeyanos", Camagüey: Centro de Documentación e Información del Turismo, CEDITUR, 2005.

Rangel, Antonio. *Carta del Presidente del Comité Ejecutivo del The Trust Company of Cuba a Martínez Sáenz, Presidente del BNC. The Trust Company of Cuba.* Fondo del Banco Nacional de Cuba. Archivo Nacional de Cuba, La Habana

Real, Gregorio del. *Carta de aprobación del Banco Atlántico.* Fondo del Banco Nacional de Cuba. Archivo Nacional de Cuba, La Habana.

"Resolución No. 3027. Ministerio de Recuperación de Bienes Malversados". *Gaceta Oficial de la República de Cuba,* 17 de marzo 1960. La Habana.

Rodríguez Montero, Gustavo Enrique. "El régimen jurídico de la vivienda y demás bienes inmuebles en Cuba". Centro Universitario de Sancti-Spiritus José Martí Pérez, 2009.

Roosevelt, Franklin Delano. "The Four Freedoms": American Rhetoric. Tomado de *Congressional Record,* 1941, Vol 87, Pt. I, 6 de enero 1941.

Schoenfeld, Arthur H. F. *Despacho No. 2520.Liberación del señor Amadeo Barletta por el gobierno dominicano y asuntos políticos relacionados*. 1935. Archivos Nacionales y Administración de Records (NARA), Maryland. Exp. 339.115 General Motors Export Co./175,

Schoenfeld, H. F. Arthur. *Telegram No. 55*. Embajada Americana en Santo Domingo. Archivos Nacionales y Administración de Records (NARA), Maryland. Exp. 339.115 General Motors Export Co./115.

Termes, Miguel. *Carta al Presidente del Banco Atlántico, Re: Modelo R-10 Balance de Situación*. Fondo Banco Nacional de Cuba. Archivo Nacional de Cuba La Habana.

_____. *Carta al Presidente del Banco Atlántico, RE: Modelos R-10 y Anexos de Mayo 31 de 1951*. Fondo Banco Nacional de Cuba. Archivo Nacional de Cuba, La Habana, Cuba.

_____. *Carta al Sr. Amadeo Barletta, Presidente del Banco Atlántico, S.A. Re: Inspección de agosto 7 de 1951*. Fondo Banco Nacional de Cuba. Archivo Nacional de Cuba, La Habana.

_____. *Memorandum al Comité de Inspección Bancaria. Dr. Felipe Pazos, Dr. J.A. Guerra, Sr. O. Saura. RE: Compañías afiliadas y tenedoras afiliadas del Banco Atlántico S.A*. Fondo del Banco Nacional de Cuba. Archivo Nacional de Cuba, La Habana.

The Office of Enforcement, U.S. Department of the Treasury y in consultation with the U.S. Department of Justice. *The 2001 National Money Laundering Strategy.* Treasury Department, Septiembre 2001. Washington

The Secretary of the Treasury, The Board of Governors of the Federal Reserve System, y The Securities and Exchange Commission. *Report to Congress in accordance With § 356(C) of the uniting and strengthening America by providing appropriate tools required to intercept and obstruct terrorism Act of 2001.* Department of Treasury, 31 de diciembre 2002. Washington

Valdés Rodríguez, Sergio. *Carta al Dr. Leonardo Masoni, Director General, Banco Atlántico, S.A. Re: Inspección de Diciembre 9, 1952.* Fondo del Banco Nacional de Cuba. Archivo Nacional de Cuba.

_____. *Memorándum al Comité de Inspección Bancaria: Dr. J. Martínez Sáenz, Sr. Bernardo Figueredo, Sr. Oswaldo Saura. Re: Banco Atlántico S.A. Inspección de diciembre 9, 1952.* Fondo del Banco Nacional de Cuba. Archivo Nacional de Cuba.

Vega, Bernardo. *Carta a Miguel Barletta.* Archivo personal de la familia Barletta.

Wilson, Edwin C. *Memorándum de conversación con Henry G. Molina.* 1 de mayo 1935. Archivos Nacionales y Administración de Records (NARA), Maryland. Exp. 339.115 General Motors Export Co./102

Entrevistas e intercambios de correspondencia

Bernardo Vega

Christo Datini

Eduardo Sáenz Rovner

Giuseppe D'Agostino

Gordon Wilson

Guillermo Jiménez

Luis Allen

Max Lesnick

Miguel Barletta

Nelia Barletta

Robert Lacey

Rolando Pedro Masferrer

Scott M. Deitche

T. J. English

Vanessa Dihmes

Libros y capítulos de libros

Adams, Paul S., "Corporatism and Comparative Politics: Is There a New Century of Corporatism?" en *New directions in comparative politics*. Howard J. Wiarda ed., Boulder, Colorado: Westview Press, 2002.

Almoina, José. *Una satrapía en el Caribe. Historia puntual de la mala vida del déspota Rafael Leonidas Trujillo.* Colección Historia. Santo Domingo: Letra Gráfica, 2002.

Álvarez, José. *Frank País y la Revolución Cubana.* Denver, Colorado: Outskirts Press, Inc., 2009.

Álvarez Pina, Virgilio. *La era de Trujillo. Narraciones de Don Chucho.* Santo Domingo, 2008.

Amiama Tió, Fernando. *Ayer, el 30 de Mayo y después.* Santo Domingo, 2005.

Andrew, Christopher. Vasili Mitrohhin. *The Mitrokhin Archive.* New York: Basic Books, 1999.

Arendt, Hannah, "Ideology and Terror: A Novel Form of Government" en *The Origins of Totalitarianism,* New York: Harcourt Brace Jovanovich, Publisher, 1979.

Argote-Freyre, Frank. *Fulgencio Batista. From Revolucionario to Strongman:* Rutgers University Press, 2006.

Aveledo, Ramón Guillermo. *El Dictador.* Caracas, Venezuela: Libros Marcados, 2008.

Balaguer, Joaquín. *Memorias de un cortesano de la "Era de Trujillo".* Madrid: G. del Toro, 1989.

Balcácer, Juan Daniel. *Trujillo el tiranicidio de 1961*. Santo Domingo: Taurus, 2007.

Barkun, Michael. *A Culture of Conspiracy: Apocalyptic Visions in Contemporary America*. Berkeley and Los Angeles, California: University of California Press, 2006.

Berghoff, Bruce. *The GM Motorama dream cars of the fifties*. Osceola, WI, USA: Motorbooks International, 1995.

Bobbio, Norberto. *A political life*, editado por Alberto Papuzzi. Cambridge: Polity Press, 2002.

Botifoll, Luis J. *Golpe de estado en El Mundo; una página dolorosa del periodismo cubano*. La Habana: Editorial Lex, 1955.

_____. *Golpe de estado en El Mundo, una página dolorosa del periodismo cubano*. Santo Domingo, República Dominicana: Talleres Gráficos de Editora Corripio, 2003.

Carmichael, Scott W. *True Believer: Inside the Investigation and Capture of Ana Montes, Cuba's Master Spy*. Annapolis: Naval Institute Press, 2007.

Cirules, Enrique. *El imperio de La Habana*. Ciudad de La Habana, Cuba: Casa de las Américas, 1993.

_____. *La vida secreta de Meyer Lansky en La Habana: la Mafia en Cuba*. La Habana: Editorial de Ciencias Sociales, 2004.

_____. *El imperio de La Habana*. Madrid: Editorial Chavín, 2008

Clark, Juan. *Cuba: Mito y Realidad*. Miami-Caracas: Saeta Ediciones, 2da. Edición. 1992.

Costa, Octavio R. *Luis J. Botifoll. Un cubano ejemplar*. San Marino, California: Universidad de Miami - Instituto Superior de Estudios Cubanos, 1991.

Crassweller, Robert D. *Trujillo: la trágica aventura del poder personal*. Barcelona: Editorial Bruguera, S.A., 1968.

Deitche, Scott M. *The everything mafia book*. 2nd Edition, 2009. ed. Avon: Adams Media, 2003.

_____. *The Silent Don: The criminal underworld of Santo Trafficante Jr*. Fort Lee: Barricade Books Inc., 2007.

Dunstan, Roger. *Gambling in California*. Vol. CRB-97-003. Sacramento: California Research Bureau, 1997.

_____, "History of Gambling in the United States" en *Gambling in California* Sacramento: California Research Bureau, 1997.

Eisenberg, Dennis, Dan, Uri, y Landau, Eli. *Meyer Lansky, mogul ot the mob*. New York: Paddington Press Ltd., 1979.

English, T.J. *Havana Nocturne. How the mob owned Cuba... and then lost it to the Revolution*. New York: Harper

Collins Publishers, 2008.

Farber, David. *Sloan Rules: Alfred P. Sloan and the triumph of General Motors*. Chicago: The University of Chicago Press, 2002.

Freeman, Allyn. *The leadership genius of Alfred P. Sloan*. New York: McGraw-Hill, 2005.

Fornés-Bonavía Doiz, Leopoldo. *Cuba Cronología: cinco siglos de historia, política y cultura*. Madrid: Editorial Verbum, S.L. 2003, 2003.

Fuentes, Norberto. *Narcotráfico y tareas revolucionarias. El Concepto Cubano*. Miami: Ediciones Universal, 2002.

Fursenko, Aleksandr y Naftali, Timothy. *One Hell of a Gamble. Khrushchev, Castro and Kennedy, 1958-1964*: W.W. Norton & Company, 1998.

Galindez, Jesús de. *La Era de Trujillo*. Cuarta Edición ed. Santiago de Chile: Editorial de El Pacífico S.A., 1956.

García Henríquez, Francisco E., Martínez Lorenzo, Yarelis, y Martínez Barreiro, Jhosvany. *Compendio de Disposiciones Legales sobre Nacionalización y Confiscación*. La Habana: Ministerio de Justicia, 2004.

Gibson, Hugh. ed. *The Ciano Diaries 1939-1943*. New York: Doubleday & Company, Inc., 1946.

Glennon, John P. ed. *Foreign Relations of the United States, 1958-1960*. Vol. VI. Washington: Department of State, 1991. Reprint, History Matters.

Gonsé, Raoul Alfonso y Martí, Jorge L. *En defensa de El Mundo*. La Habana, 1956.

Gonsé, Raoul Alfonso y Martí, Jorge L. *La verídica historia de lo que ocurrió una vez en el periódico El Mundo* . Segunda Edición ed. Santo Domingo: Editora Corripio, C por A, 1993.

Grimaldi, Víctor. *Sangre en el barrio del Jefe*. Santo Domingo: Editora Corripio, 2007.

Grunberger, Richard. *La Historia Social del Tercer Reich*. Traducido por Ester Donato. Barcelona, España: Editorial Ariel S.A., 2007.

Grupo Cubano de Investigaciones Económicas de la Universidad of Miami bajo la dirección de José R. Alvarez Díaz. *Un estudio sobre Cuba; colonia, república, experimento socialista: estructura económica, desarrollo institucional, socialismo y regresión*. Miami: University of Miami Press, 1963.

Hamill, Hugh M. ed. *Caudillos: dictators in Spanish America*. Norman: University of Oklahoma Press, 1992.

Hamilton Jenks, Leland. *Our Cuban colony*. New York: Vanguard Press, 1976.

Hydrick, Blair D. *Italy: Internal Affairs 1940-1944.*

Frederick, MD: University Publications of America, Inc., 1986.

Infante, Fernando. *La era de Trujillo. Cronología Histórica 1930-1961*. Vol. I. Santo Domingo: Editora Collado, 2007.

Jiménez, Guillermo. *Las empresas de Cuba 1958*. Miami: Ediciones Universal, 2000.

_____. *Los propietarios de Cuba 1958*. La Habana: Editorial Ciencias Sociales, 2008.

Johnson, Paul M. *Modern Times. The World from the Twenties to the Nineties*. New York: Perennial, 1983.

Kapcia, Antoni, "Lucha and Cubanía: The (Re)Construction of a Cuban Historical Identity Through the Idea of (Revolutionary) Struggle" en *Political violence and the construction of national identity in Latin America*. Will Fowler yPeter Lambert, New York: Palgrave Macmillan, 2006.

Lacey, Robert. *Little Man: Meyer Lansky and the Gangster Life*. First ed. Boston: Little, Brown and Company, 1991.

Laqueur, Walter. *Fascism: Past, Present, Future*. Oxford & New York: Oxford University Press, 1996.

Le Bor, Adam y Boyes, Roger. *Seduced by Hitler*. New York: Barnes & Noble, 2000.

Lighfoot, Claudia. *Havana: a cultural and literary*

companion. Oxford: Signal Books Limited, 2002.

López Vilaboy, José. *Motivos y culpables de la destrucción de Cuba*. San Juan: Editora de Libros de Puerto Rico, 1973.

Martínez Sáenz, Joaquín. *Por la independencia económica de Cuba. Mi gestion en el Banco Nacional*. La Habana: Editorial Cenit S. A., 1959.

Medina Benet, Victor M. *Fracaso de la tercera república: los responsables*. Santo Domingo: Narraciones de Historia Dominicana 1924-1930, 1974.

Monroy, Juan Antonio. *Frank País: líder evangélico en la revolución cubana*. Terrassa: Editorial Clie, 2003.

Moruzzi, Peter. *Havana before Castro: when Cuba was a tropical playground*. Layton: Gibbs Smitt, 2008.

Mussolini Ciano, Edda. *My Truth*. London: Weidenfeld and Nicolson, 1975.

Núñez, Manuel. *Peña Batlle en la Era de Trujillo*. Santo Domingo: Letra Gráfica, 2007.

Ortega, Gregorio. *La coletilla: una batalla por la libertad de expresión, 1959-1962*. La Habana: Editora Política, 1989.

Padrón, José Luis y Betancourt, Luis Adrián. *Batista, últimos años en el poder*. La Habana: Ediciones Unión, 2008.

Padrón, Pedro Luis. *¡Qué República era aquella!* La Habana: Editorial de Ciencias Sociales, 1986.

Paxton, Robert O. *The Anatomy of Fascism*. New York: Alfred A. Knoff, 2004.

Peguero, Valentina. *The militarization of culture in the Dominican Republic, from the Captains General to General Trujillo*. Lincoln: University of Nebraska Press, 2004.

Pelfray, William. *Billy, Alfred, and General Motors: the story of two unique men, a legendary company, and a remarkable time in American history*. New York: AMACOM, 2006.

Pérez, Louis A. *On Becoming Cuban: Identity, Nationality, and Culture*. Chapel Hill: Universtiy of North Carolina Press, 1999.

Pistoni, Joseph D. y Brandt, Charles. *Donnie Brasco unfinished business*. Philadelphia: Running Press, 2007.

Popper, Karl. *The Logic of Scientific Discovery*. New York: Routledge. Taylor & Francis Group, 2002.

Portell Vilá, Herminio. *Medio Siglo de El Mundo*. Miami: Editorial Cubana, 2001.

Quirk, Robert E. *Fidel Castro*. New York: W.W. Norton & Company, Inc, 1995.

Quisqueya Concepción, Patria. *Más familias dominicanas:*

Investigación genealógica. Santo Domingo: Secretaría de Estado de Educación, Bellas Artes y Cultos, 1995.

Raffy, Serge. *Castro, el desleal.* Traducido por Paloma Gómez Crespo. Madrid: Aguilar, 2004.

Reppeto, Thomas. *American Mafia. A History of its Rise to Power.* New York: MJF Books, 2004.

Reuter, Peter y Truman, Edwin M. *Chasing dirty money: the fight against money laundering.* Washington: Institute for International Economics, 2004.

Roa, Raúl. "Introducción" en *Una Gestapo en América* de Juan Isidro Jimenes Grullón. Santo Domingo: Sociedad Dominicana de Bibliófilos, 2003

Roberts, David D., "Ideas, Ideologies and the Problem of Italian fascism" en *The syndicalist tradition and Italian Fascim*, North Carolina: University of North Carolina Press, 1979.

Rodríguez, Eduardo Luis. *The Havana guide: modern architecture, 1925-1965.* New York: Princeton Architectural Press, 2000.

Roorda, Eric Paul. *The dictador next door: the good neighbor policy and the Trujillo regime in the Dominican Republic, 1930-1945.* North Carolina: Duke University Press, 1998. Reprint, 5th Printing, 2006.

Sáenz Rovner, Eduardo. *The Cuban Connection.* Traducido

por Russ Davidson. Chapel Hill: The University of North Carolina Press, 2008.

Saviñón M, Ramón Emilio. *Memorias de la era de Trujillo, 1916-1961*. Santo Domingo: Amigo del Hogar, 2002.

Schama, Simon, Citizens: *A Chronicle of the French Revolution*. London: Penguin Books, 2004

Schwartz, Rosalie. *Pleasure Island: Tourism and Temptation in Cuba*. Lincoln: University of Nebraska Press, 1997.

Schweid, Richard. *Che's Crevrolet, Fidel's Oldsmobile on the road in Cuba*. Chapel Hill: The University of North Carolina Press, 2006.

Sloan, Alfred P. Jr. *My years with General Motors*. New York: Doubleday, 1963.

Spiritu, Ugo, "Corporativism as Absolute Liberalism and Absolute Socialism" en *A primer of Italian Fascism*. Jeffrey T. Schnapp ed., Nebraska: University of Nebraska, 2000.

Suárez Núñez, José, *El gran culpable ¿Cómo 12 guerrileros aniguilaron a 45,000 soldados?* Caracas, 1963.

Trento, Joseph J. *The Secret History of the CIA*. New York: MJF Books, 2001.

United States. Congress. Senate. Special Committee to Investigate Organized Crime in Interstate

Commerce, *Investigation of organized crime in interstate commerce Hearings before a Special Committee to Investigate Organized Crime in Interstate Commerce*, United States Senate, Eighty-first Congress, second session, pursuant to S. Res. 202, 19 vols. Washington: U.S. Govt. Print., 1950-1951.

Vega, Bernardo. *Nazismo, fascismo y falangismo en la República Dominicana*. Santo Domingo: Fundación Cultural Dominicana, 1985.

_____. *Desiderio Arias y Trujillo se escriben*. Santo Domingo: Fundación Cultural Dominicana, 2009.

Ward, Richard H. y Moors, Cindy S. *Terrorism and the new world disorder*. Chicago: Office of International Criminal Justice, University of Illinois at Chicago, 1998.

Woodiwiss, Michael, "Transnational Organized Crime: The Strange Career of an American Concept" en *Critical Reflections on Transnational Organized Crime, Money Laundering, and Corruption*. Margaret E. Beare, Toronto: University of Toronto Press, 2003.

Artículos y panfletos

"100, 75, 50 Years Ago". *The New York Times*, 12 de marzo 2010.

"300 GMC Coaches for Havana". *General Motors World*,

Abril 1950, pág 5.

"Amadeo Barletta". Enciclopedia Dominicana, S.A., 2001.

Andréu, José R. "Derechos esenciales". *El Mundo*, 24 de enero 1956, p. A-8.

"Aniversario de Oro". *General Motors World*, November-December 1970.

"Anglo-American Directory of Cuba. Province of Havana". Habana,1960

"Armed Forces: Engine Charlie". *Time*, 6 de octubre 1961.

"Asociación para la Reconstrucción Económica Cubana (AREC)". *El Mundo*, 17 de diciembre 1960, A-3.

"Asume el Sr. Amadeo Barletta Funciones Ejecutivas en *EL Mundo*". *El Mundo*, 3 de enero 1954, p.1.

"Autor cubano acusa de plagio al estadounidense English por libro sobre mafia". *El Nuevo Herald*, Febrero 12, 2010.

Ávalos Sardiñas, Hector. "La inconstitucionalidad de la ley cubana de confiscaciones". *Otro Lunes. Revista Hispano-americana de Cultura*, no. No. 4 Año 2. Septiembre 2008.
http://www.otrolunes.com/hemeroteca-ol/numero-04/html/este-lunes/este-lunes-n04-a03-p01-2008.html [Visitado: 31 de marzo 2010].

"Background For War: The Neutrals". *Time*, 14 de agosto

1939.

"Banco Atlántico". *Revista Seguro, Banca y Bolsa*, Marzo, 1951, p. 26.

Barletta, Amadeo "Cuba: Graveyard of Freedom". *Gazette-Mail*, 10 de julio 1960, p. 21.

_____. "Inicia una nueva vida *El Mundo*". *El Mundo*, 5 de octubre 1960, pp.1-2.

_____. "Refuta Amadeo Barletta las acusaciones que se le hacen". *Diario La Marina*, 24 de febrero 1960, p.1.

"Barletta fue cónsul de Mussolini y de Trujillo". *Revolución*, 29 de febrero 1960, p. 1.

Beiro, Luis. "Publican libro sobre el tiranicidio de 1961". *Perspectiva ciudadana* Julio 24 2007 http://www.perspectivaciudadana.com/contenido.php?itemid=16221 [Visitado: Febrero 16, 2010]

Bobbio, Norberto. "La historia vista por los perseguidores". *Fractal* no. 20, Vol. 5 (Enero-Marzo, 2001): pp.141-45.

Bohning, Don. "He Licks Trouble Every Time". *The Miami Herald*, 14 de abril 1968, p. 4B.

Bonafede, Dom. "News Photographer Visits Dictator. Batista Different at Country Place". *Miami Sunday News*, 19 de mayo 1957, p. 10A.

Bosemberg, Luis Eduardo. *The U.S., Nazi Germany, and the CIAA in Latin America during WW II*. New York: Rockefeller Archive Center Research Reports Online, 2009.

Buttafuoco, Pietrangelo. "La serena confessione di Norberto Bobbio". *Il Foglio* Noviembre 12, 1999. http://tabularasa.altervista.org/1999/4_buttafuoco1.htm [Visitado: Febrero 16, 2010].

"Sobre el fascismo. Entrevista con Norberto Bobbio" *Fractal* no. 20, Vol. VI, año 5

Callahan, Joseph M. "Happy Fiesta is over... The Cuban Auto Market Today". *Automotive News*, 19 de octubre 1959, p. 64.

Cannistraro, Philip V. "Mussolini's Cultural Revolution: Fascist or Nationalist?". *Journal of Contemporary History* No. 3-4, Vol. 7 (Julio-Octubre, 1972): 115-39.

Castro, Fidel. "Discurso pronunciado en el Acto Conmemorativo del XI Aniversario de la Acción del 13 de Marzo de 1957, efectuado en la escalinata de la Universidad de La Habana", 13 de marzo 1968.

"Cartas al Listín Diario". *Listín Diario*, 4 de febrero 1965.

"Ceremonia Nupcial en Señorial Mansión". *El Mundo*, 30 de octubre 1953, p. B 1-4.

"Charles Erwin Wilson". The Columbia Encyclopedia, Sixth Edition 2008.

http://www.encyclopedia.com/topic/Charles_Erwin_ Wilson.aspx [Visitado: 22 de marzo 2010].

"Ciano Describes Duce Slur At 10-Year FDR Peace Plan". *The Salt Lake Tribune*, Junio 21 1945.

Cirules, Enrique. "El imperio de La Habana". *Bohemia*, 4 de octubre 1991, pp 4-7.

_____. "Los negocios de Don Amleto". *Bohemia*, 18 de octubre 1991, pp. 13 - 17.

_____. "Operaciones y fraudes". *Bohemia*, 11 de octubre 1991, pp.15-17.

_____. "Trafficante: la era de la cocaína". *Bohemia*, 25 de octubre 1991, pp.14 -17.

"City of Las Vegas", Nevada http://www.lasvegasnevada.gov/FactsStatistics/histor y.htm [Visitado en Febrero 16, 2010].

"Comienza la acción civil contra los complicados en la última trama criminal". *La Opinión*, Abril 27, 1935.

"Condena la SIP a periodistas castristas. Pide a la OEA que sancione a Fidel". *El Mundo en el exilio*, 26 de octubre 1960, p.1.

"Constituyó un acontecimiento sin precedente el homenaje de la Cámara a El Mundo". *El Mundo*, 9 noviembre 1951.

"Contable de los bienes de los inculpados de tramar contra la vida del Hon. Pdte.". *Listín Diario*, 13 mayo 1935.

Costa, Octavio R. "Los Orientadores de la Opinión Pública: Luis J. Botifoll". *Bohemia*, 22 de noviembre 1955, pp.60-61 y 76-77.

Cowdery, Josephine. "Benito Mussolini and his survivors." *Rare Books, Militaria, Maps Photographs & Documents.* 2007. http://www.usmbooks.com/MussoliniFamily.html [Visitado: 10 de abril 2010].

"CUBA: A Game of Casino". *Time*, 20 de enero 1958.

"CUBA: Crime Wave". *Time,* 23 de septiembre de 1946.

"CUBA: Open Season". *Time*, 10 de octubre 1932.

"CUBA: Purification". *Time*, 9 de febrero 1959.

"CUBA: The Massacre". *Time*, 28 de abril 1961.

"CUBA: The Mob Is Back". *Time*, 2 de marzo 1959.

"CUBA: Wizard at Work". *Time,* 20 de marzo de 1950.

Cuban Information Archives. "Cuban-Exile.com". http://www.cuban-exile.com [Visitado: 19 de diciembre 2009].

Cue Sierra, Mayra. "Canal 2, Telemundo: 55 años atrás". *Portal de la Televisión Cubana* 21 de febrero de 2008. http://www.tvcubana.icrt.cu/noticias/canal-2-telemundo-55-anos-atras/ . [Visitado: 2 de marzo de 2010].

_____. "El Mundo en Televisión: un periódico distinto". *Portal de la Televisión Cubana* 10 de julio 2008. http://www.tvcubana.icrt.cu/noticias/el-mundo-en-television-un-periodico-distinto-i-parte/ [Visitado: 2 de marzo de 2010].

"Datos para la Historia". *La Opinión*, Mayo 2, 1935.

"Deaths De Cates, Nelia Barletta". *The New York Times*, 27 de agosto 2002.

"Detenido Amadeo Barletta. Graves acusaciones determinan la actuación contra A. Barletta". *Revolución*, 22 de febrero 1960, p. 1, c. 1.

"Descontarán por nómina todo aporte de industrialización". *Revolución*, 23 de febrero 1960, p. 13.

Dilla, Haroldo. "Los tres asesinatos de Orlando Zapata Tamayo". *Cubaencuentro* 2010. http://www.cubaencuentro.com/es/cuba/articulos/los-tres-asesinatos-de-orlando-zapata-tamayo-229860 [Visitado: 20 de diciembre 2010].

DiLorenzo, Thomas J. "Economic Fascism". *Truth Seeker: The Journal of Independent Thought* No. 3, Vol. 121 1994.

"Distinguished Dealerships". *General Motors World*, Marzo 1949, p. 20.

Doob, Leonard W. "Goebblels´ Principles of Propaganda". *The Public Opinion Quartely* Vol. 14 No. 3 (Otoño, 1950), pp. 419-22.

"DOMINICAN REP.: Caribbean Tyranny". *Time*, 13 de mayo 1935.

"DOMINICAN REP.: Lese Majeste". *Time*, 27 de mayo 1935.

"Dominican Republic sets bail for Italian". *The New York Times*, 17 mayo 1935, p.3.

"Dominicans free Italian Ex-Consul". *The New York Times*, 22 de mayo 1935, p. 11.

"El Caso del Cónsul italiano Barletta se resolverá como lo acuerden los Tribunales Dominicanos, sin intervención foráneas". *El Mundo*, 17 de mayo 1935.

Echevarría, Oscar A. "Cuba's Builders of Wealth prior to 1959. A Wide Brush Review". *Herencia Cultural Cubana.* 11 de enero 2006. http://herenciaculturalcubana.org/docs/Cuba-Builders-of-Wealth-OAE-english.pdf [Visitado: 20 de diciembre 2010].

"Edda Mussolini Ciano Risked Life to Save Husband's Diary". *The Salt Lake Tribune*, Junio 17 1945.

"Edward Riley Stettinius Jr.". Febrero 28 2008. http://history.howstuffworks.com/american-history/edward-stettinius.htm [Visitado: 4 de enero 2009].

"Efforts of the United States to protect American business interests in the Dominican Republic", en *Foreign relations of the United States diplomatic papers,*

1935. The American Republics, Vol. IV: United States Department of State, 1935.

Egan, Matt. "Back to 1950s for GM (the Stock Price, Anyway)". *Fox Business* 2008. http://www.foxbusiness.com/story/markets/industries /transportation/s-gm/.

"El presidente de la Dominican Tobacco Sr. Amadeo Barletta condenado a dos mil pesos de multa y dos años de prisión". *Listín Diario*, 5 de mayo 1935.

"El Mundo en Televisión". *Radiomanía y Televisión*, Agosto 1952, p. 20.

"El nuevo año". *El Mundo*, 2 de enero 1954, p.1.

"El señor Barletta continuará como Cónsul de Italia". *La Opinión*, 31 de mayo 1935.

"En la persona de Amadeo Barletta...". *Diario La Marina*, 9 de noviembre 1951, p. 1.

"Escritor cubano acusa al estadounidense T.J. English de 'plagio'". *El Occidental*, 13 de febrero 2010.

"Escritor estadounidense niega haber plagiado al cubano Enrique Cirules". *Diario de Cuba*, 16 de febrero 2010.

"Esposos Barletta agasajan a Ex Monarca de Italia". *El Caribe*, 10 de marzo 1967, p. 4.

Estrella Veloz, Santiago. "La horrorosa cárcel de Nigua".

Diario Libre, 20 de febrero de 2010.

Farid, Hany. "Photo Tampering Throughout History". *Hany Farid.* Diciembre, 2009. http://www.cs.dartmouth.edu/farid/research/digitalta mpering/ [Visitado: 8 de marzo 2010].

"Foreign News: Mafia Trial". *Time*, 24 de octubre 1927.

"Foreign News: Those Things". *Time*, 25 de junio 1934.

Gates, David. "Bottom Line: How Crazy Is It? Unequivocal Answer: It All Depends. Welcome to the World of Conspiracy". *Newsweek*, 23 de diciembre 1991.

"General Motors". *The New York Times*, 25 de febrero 2010.

"General Motors Interamerica Corporation". *General Motors World*, Junio 1944.

"GM Dealer Loses Property to Cuba". *The New York Times*, 23 de febrero 1960.

"GM Fiftieth Anniversary. 1908-1958. 50 Years Ago". GM Men and Women,1958.

GM's Road From Prosperity to Crisis. New York: The New York Times, 2009.

Gobierno de la República de Cuba, "Sitio del Gobierno de la República de Cuba", Gobierno de Cuba http://www.cubagob.cu/ [visitado: 22 de febrero 2010].

González, Enric. "La ambigüedad italiana. Reportaje: La

Responsabilidad de los intelectuales". *El País*, 14 de octubre 2006.

González Febles, Juan. "Entre pillos, mi Habana". *Cubanet*. 18 de marzo 2005.
http://www.cubanet.org/CNews/y05/mar05/18a10.htm
[Visitado: 14 de febrero 2010].

González Rodríguez, Eladio. "Aquella muchacha de Holguín", Museo Ernesto Che Guevara. Primer Museo Suramericano. 10 de julio 2007, [visitado: 7 de abril 2010].

"Graduación residentes de cardiología". *Listín Diario*, 25 de julio 2008.

Grupo Ambar. 2004. "Nuestra Historia".
http://www.grupoambar.com.do/grupo/ [visitado: 9 febrero 2010).

"Grupo Ambar". *Economista Dominicano*. 13 de junio 2009,
http://economistadominicano.wordpress.com/2009/0
6/13/empresas-dominicanas-grupo-ambar/ [visitado: 9 de octubre de 2009].

Gutiérrez, Euclides. "Juan Bosch". *Fundación Juan Bosch*.
http://www.juanbosch.org/biografia.php [visitado: 20 de octubre de 2009].

"Havana Dispute Ending; Cuban Ex-President to Sell His Stock in Newspaper". *The New York Times*, 3 de enero 1955, p. 14.

"Havana Newspaper Plans Powerful TV Station". *BoxOffice*,

23 de febrero 1952, p.50.

Hayward, David Owen. "The Holden Car Project" *David Hayward's Automotive History Website,* 2001. http://www.gmhistorian.btinternet.co.uk/ [Visitado: 4 de enero 2010].

Hernández, Miguel. "Desmiente plagio a escritor cubano". *Esto,* 16 febrero 2010.

Hernández, Ricardo L. "La vida literaria en la Cuba actual: sus revistas". *La Palabra y el Hombre.* 1988, p. 39-46.

Hernández Serrano, Luis. "Enrique Cirules: Mis libros no se pueden plagiar impunemente". *Juventud Rebelde* 13 de marzo 2010.

_____. "Entre la mafia y el plagio". *Juventud Rebelde,* 11 de febrero 2010.

"History of Las Vegas". *Las Vegas On Line* 1995. http://www.lvol.com/lvoleg/hist/lvhist.html

"Homenaje". *El Caribe,* 24 de enero 1973.

"Honrará hoy la Cámara en sesión especial la rectitud de El Mundo". *El Mundo,* 8 noviembre 1951.

"Inaugurada la Dominican Tobacco & Co". *Listín Diario,* 2 de enero 1934, p. 1 c. 1-2.

"Interviene Recuperación 15 empresas de Amadeo Barletta". *Diario La Marina,* 23 de febrero 1960, p. 1.

"Italian Consulate Shut; Closing of Office in Havana Laid to Lack of Business". *The New York Times*, 1 de julio 1941, p.17.

"Italian's License Canceled". *The New York Times*, 10 de agosto 1941.

"Italian quits Cuba; Victim of Seizure of 40 Million in Assets Flies to Miami". *The New York Times*, 12 de junio 1960, p. 42.

"ITALY: Business of Empire". *Time*, 20 de julio 1936.

"ITALY: Imperial Bullfrog". *Time*, 9 de junio 1941.

"ITALY: Mafia Scotched". *Time*, 23 de enero de 1928.

"Italy threatens Santo Domingo". *The New York Times*, 16 de mayo 1935, p.12.

Jiménez, Guillermo. "La banca cubana en vísperas de la Revolución". *Revista Bimestre Cubana* no. 6, Vol. LXXXI (Enero-Junio, 1997): pp.53-67.

Krauze, León. "Retire The Revolutionary Myth". *Newsweek,* 3 de marzo 2008. http://www.newsweek.com/id/114691 [Visitado: 4 de enero 2010].

Larmer, Brook. "Castro´s Survival Instinct". *Newsweek* Vol 133, No. 2, 11 de enero 1999, p. 16.

"La Suprema Corte de Justicia niega la libertad provisional bajo fianza al señor Barletta". *Listín Diario*, 3 de mayo 1935.

"Las Vegas Blooms in the Desert". *Vegas Journey* 2010.
http://www.vegasjourney.com/las_vegas_history.htm
[Visitado: 16 de febrero 2010].

Lechuga, Lillian. "Barcos de papel: Carlos Lechuga,
periodista y diplomático". *Cubadebate,* 1 de marzo
2007.
http://www.cubadebate.cu/opinion/2007/03/01/barco
s-de-papel-carlos-lechuga-periodista-y-diplomatico/ .
[Visitado: 17 de febrero 2010].

"Llegó el Nuevo Embajador de Italia en Cuba". *El Mundo,*
10 de noviembre 1953, p. A-4.

"Marcos Behmaras". *Diccionario de Cuba Literaria.* 2005.
http://www.cubaliteraria.com/autor/ficha.php?Id=914
[Visitado: 4 abril 2010].

Martín-Arroyo, J. y Cortés, V. "Nunca hubo enterramientos.
Memoria revisada de García Lorca". *El País,* 19 de
diciembre 2009.

Martín-Arroyo, J. y Cortés, V. "Basarse en la historia oral y
en un solo informante es un error. Memoria revisada
de García Lorca". *El País,* 19 diciembre 2009.

Martínez, Julio César. "Barletta y yo". *Revista Renovación,*
No. 281. 1975, p.14.

Martínez Pais, Christian. "Los principios propagandísticos de
Joseph Goebbles". *Todo Marketing Político.* 8 de
diciembre 2012,

http://www.todomarketingpolitico.net/2010/04/11-
principios-de-la-propaganda-moderna.html
[visitado: 20 febrero 2013].

"Milestones, Nov 1952". *Time*, 3 de noviembre 1952.

Mogno, Darío. "Dibujando por la revolución. Charla con Virgilio Martínez Gaínza". *Revista Latinoamericana de Estudios sobre la Historieta,* No. 11, Vol. 3. Septiembre 2003- pp. 178-92.

Muñoz, Diego. "Ana Díez desvela los secretos de 'La mafia en La Habana'". *Cubanet, tomado de La Vanguardia Digital* 23 de junio 2000.
http://www.cubanet.org/CNews/y00/jun00/23o7.htm
[Visitado: 14 de febrero 2010].

Najarro Pujol, Lázaro David. "Enrique Cirules, sus libros y el general Fulgencio Batista". *Radio Cadena Agramonte* 28 de octubre 2009.
http://www.cadenagramonte.cu/index.php?option=com_content&view=article&id=224&Itemid=51
[Visitado: Febrero 9, 2010].

"Nelia Barletta Ricart". *El Mundo*, 28 de octubre 1953, p. B-1.

"Our 50th Year. Some Highlights of General Motors Golden Milestone 1908-1958". General Motors Corporation, 1958.

"Ousts Cuban Consuls; Italy Orders Reprisal Step Reich Denies Taking Action". *The New York Times*, 19 de agosto 1941.

Padrón, Pedro Luis. "Amadeo Barletta, representante en Cuba de los negocios de la pandilla yanqui 'Cosa Nostra'". *Granma*, 31 de marzo 1971, p. 2.

País, Liborio. "Hotel Sevilla, un moro en La Habana Vieja". *ArtículoZ* . 8 de diciembre 2009. http://www.articuloz.com/hoteles-articulos/hotel-sevilla-un-moro-en-la-habana-vieja-1123044.html [Visitado: 16 de febrero 2010].

Paniagua, Alejandro. "Empresa Celebra 50 Aniversario". *El Caribe*, 15 de septiembre 1970, p. 1.

Pérez, Emma. "De usted también diremos algo...". *Bohemia,* 11 de diciembre 1955, p. 57.

Phillips, Hart. "Batista and Regime Flee Cuba; Castro Moving to Take Power; Mobs Riot and Loot in Havana". *The New York Times*, 2 de enero 1959.

_____. "Vituperation against U. S. Rises in Cuba after Herter Criticism". *The New York Times*, 10 de marzo 1960, p. 3.

Piro, Guillermo. "Norberto Bobbio". *Ciudad Política* 2 de enero 2005. http://www.ciudadpolitica.com/modules/wordbook/entry.php?entryID=792 [Visitado: 16 de febrero 2010].

"Plan de obras del Presidente Batista". *El Mundo*, 10 de marzo 1957.

Quinn, James. "As General Motors Goes, So Goes the

Nation". *The Cutting Edge,* 2009
http://www.thecuttingedgenews.com/index.php?artic
le=11128&pageid=37&pagename=Page+One
[Visitado: 22 de marzo 2010].

"The Conspiracy Theories". *Newsweek,* 22 de noviembre 1993.

"The Press: Our Man in Miami". *Times,* 7 de noviembre 1960.

"The Press: Pearson in Bongoland". *Time,* 10 de octubre 1955.

Rapoport, Mario. "Argentina y la Segunda Guerra Mundial: mitos y realidades". *E.I.A.L. Estudios Interdisciplinarios de América Latina y el Caribe* No.1, Vol. 6. Enero-Junio,1995.

Reece, Jack E. "Fascism, the Mafia, and the Emergence of Sicilian Separatism (1919-43)". *The Journal of Modern History* No. 2, Vol. 45. Junio, 1973. pp. 261-276.

Reiss, Spencer. "Requiem for a Revolution" *Newsweek* 1993. http://www.newsweek.com/id/115984.

"Rinden Homenaje a Barletta Jr. y Jorge L. Martí". *El Mundo,* 19 de abril 1951, p. 26.

Rodríguez Marcos, J. "De la Guerra Civil al georradar: cronología de un enigma que sigue abierto". *El País,* 19 de diciembre 2009.

Rodríguez Rivas, Elva María y Cruz Inclán, Jorge. "La noche de las confiscaciones. Un embargo de golpe", *Cuba Out*. 7 de mayo 2009. http://cubaout.wordpress.com/importante/la-noche-de-las-confiscaciones-un-embargo-de-golpe/ [visitado: 31 marzo 2010].

Roman, Giamilka y Cruz, Giovanni. "El problema eterno: ¡Concho!", *Pasión Cultural*. 15 de octubre de 2009, http://pasionculturalgg.blogspot.com/2009/10/el-problema-eterno-concho.html [visitado: 9 de noviembre de 2009].

Rosso, Sonia M. "Amadeo Barletta: de la cebolla a los automóviles". *Dominican Business*, Mayo / Junio 1995.

"San Nicola Arcella". *Calabria in dettaglio* 2010. http://calabria.indettaglio.it/eng/comuni/cs/sannicola arcella/sannicolaarcella.html [Visitado: 24 de marzo 2010].

"Santo Domingo Motors Co., C por A". *El Caribe*, 4 de septiembre 1962, p.13.

Schnapp, Jeffrey T. "Fascinating Fascism". *Journal of Contemporary History,* No. 2, Special Issue: The Aesthetics of Fascism, Vol. 31. Abril,1996. pp. 235-244.

Sontag, Susan. "Fascinating Fascism". *The New York Reviews of Books* No. 1, Vol. 22. Febrero 6,1975.

"Story of General Motors". Michigan: General Motors Corporation,1957

"The Statue of Liberty -Ellis Island Foundation Inc", American Family Immigration History Center http://www.ellisisland.org/default.asp [visitado: 4 de octubre 2009].

Strott, Elizabeth. "Toyota takes sales crown from GM". *MSN Money* Diciembre 8, 2009 2009. http://articles.moneycentral.msn.com/Investing/Disp atch/Toyota-takes-sales-crown-from-GM.aspx .

Uribe, Rodolfo. "Changing Paradigms on Money Laundering". *The Observer News* No. 2. Segundo Trimestre, 2003.

"U.S. Plans Broadcasts". *The New York Times*, 13 de febrero 1961.

"World Battlefronts: WHO'S WHO". *Time*, 22 de diciembre 1941.

Wright, Helen L. ed. "The Havana Branch of G.M. Interamerica Corporation Joins the Overseas Operations". *General Motors World*, Enero-Febrero 1947.

Fotos, Material Gráfico y Multimedia

"Amadeo Barletta en la Santo Domingo Motors Company". Foto. República Dominicana,1925.

"Amadeo Barletta en la Ambar Motors". Foto. La Habana, 1951.

"Anuncio de Ambar Motors línea 56". Gráfico. Habana: *Bohemia*, Diciembre, 1955.

"Anuncio Unión Radio. Cadena Nacional". Gráfico. La Habana: *El Mundo*, 11 de octubre 1953.

"Balaguer con Amadeo Barletta en el 50 Aniversario de la Santo Domingo Motors Co." Foto.1970.

"El Mundo en Televisión por el Canal 2". Gráfico. La Habana: *El Mundo*, 1 de noviembre 1953.

"Gráficas de las Fiestas de Fin de Año en el Country, en el Yacht y en el Bilmore". Foto. *El Mundo*, 2 de enero 1954, p. 4.

"First General Motors car - First car to be produced after General Motors was formed in 1908 was this 1908 Cadillac". Gráfico. 1955. Library of Congress.

General Motors World. "Ambar Motors's Showroom". Foto. 1949.

_____. "Corporación General Motors Interamerica". Foto. 1949.

_____. "Distinguished Dealerships". Foto. 19 de enero 1949.

_____. "Ambar Motors". Foto. 1949.

_____. "Parts and Accesories, Ambar Motors". Foto.

1949.

_____. "Autobus G.M. de 36 pasajeros". Foto. 1950.

_____. "Autobus GM de 31 pasajeros". Foto. 1950.

_____. "Autobuses GMC para la Habana". Foto. 1950.

"GM's 10 millionth car". gráfico. Foto. 1955.

"GM produces 25,000,000th car". Gráfico. 1940.

"GM's 1,000,000th car - The 1919 Oldsmobile 37-B model". Gráfico. 1955. Library of Congress.

Israel Broadcasting Authority. "Meyer Lansky Interview March 9, 1971". Video. http://www.youtube.com/watch?v=1UNJTPtmZhI&NR=1 [visitado: 7 de marzo de 2010).

"Historic General Motors production milestone". Gráfico. 1940.

Libro de Cuba. "Ambar Motors": Biblioteca Nacional José Martí, Habana, 1954.

Memoria de Cuba. 2009. "Inauguración de un nuevo local de la General Motors (1949)" http://vimeo.com/6466330 [visitado: 10 de abril 2010).

Moruzzi, Peter. "Pyramids of Mob Control", Havana, 2008.

_____. "A Tour of the Mob´s Havana", Havana, 2008.

"Motor Rocket T-400". Gráfíco. *l Mundo*, Habana: Editorial Mundo S.A., Marzo 3 1957.

Sánchez, Yoani. 2013. "Operación Verdad". Video http://youtu.be/bYbgwMwJa-0 [visitado: Febrero 24, 2013).

"Santo Domingo Motors Co. después de San Zenón". Foto. 1930.

"Santo Domingo Motors Co. después de San Zenón". Foto.1930.

"Time Cover: Benito Mussolini". Gráfico. New York: Time Inc, 20 de julio 1936.

Travel Film Archive. 2009. "New York World's Fair, 1939". http://www.youtube.com/watch?v=AQWsP1NaYrk